AF572967

Ursula Kopp

Mein vogelfreundlicher Garten

Ursula Kopp

Mein vogelfreundlicher Garten

Die besten Ideen
für neue Lebensräume

Bassermann

Inhaltsverzeichnis

Vorwort

Eine Welt ohne Vögel kann und will sich keiner vorstellen. Mit ihrem unterschiedlichen Gesang, dem mehr oder weniger bunten Federkleid gehören sie zu den beliebtesten Tieren. Umso schlimmer, dass ihr Leben durch die Zerstörung ihrer natürlichen Lebensräume zunehmend erschwert wird. Immer mehr Landschaftsflächen werden betoniert, die industrielle Landwirtschaft setzt auf Monokulturen und in vielen Gärten legt man großen Wert auf Gestaltung, sprich Ordnung und Sauberkeit. Vielen Vogelarten ist es jedoch gelungen, sich den neuen Gegebenheiten schnell und erfolgreich anzupassen. Man bezeichnet sie heute als Kulturfolger. Sie haben ihre frühere Lebensweise zum Teil gänzlich aufgegeben und sich mit der Nähe des Menschen arrangiert.

Amseln zum Beispiel lebten ursprünglich ausschließlich in Wäldern und verhielten sich dem Menschen gegenüber einst ausgesprochen scheu. Heute finden sie sich wie selbstverständlich in unseren Gärten, im Winter sogar auf Balkonen an Futterplätzen ein und dulden Menschen in ihrer unmittelbaren Nähe. Andererseits werden bekannte Vögel wie der Haussperling immer seltener, auch die Zahl der Schwalben sowie anderer Vogelarten sinkt stetig, da sie zu wenig artgerechten Brutraum finden und kaum mehr Lehm für den Nestbau sammeln können.

Damit unsere einheimische Vogelwelt nicht noch mehr verarmt, legt man den eigenen Garten möglichst vogelfreundlich an und bietet auf diese Weise „wohnungslosen" Tieren einen Zufluchtsort. Ein naturbelassener Garten entspricht oftmals nicht dem gängigen Schönheitsideal, das viele Gartenbesitzer favorisieren, was zu Meinungsverschiedenheiten mit den Nachbarn führen kann. Entschädigt dafür ist man aber spätestens dann, wenn sich im Frühling nach Futter suchende Altvögel im Garten dabei beobachten lassen, wie sie ihren Nachwuchs aufziehen. Denn jeder Quadratmeter eines vogelfreundlichen Gartens trägt zum Erhalt einheimischer Vogelarten bei. Zu ihnen zählt auch der den Menschen vertraute und weitverbreitete Star, dessen Bestand allerdings in den letzten Jahren stark abgenommen hat und er deshalb zum „Vogel des Jahres 2018" gewählt wurde.

Einen naturnahen Garten anlegen

Gärten werden seit jeher unterschiedlich genutzt. Im Nutzgarten steht der Anbau von Kräutern, Gemüse und Obst im Vordergrund. Im Ziergarten dreht sich alles um das Gestalten, vor allem mit blühenden Stauden und Gehölzen. Im Naturgarten steht die Freude an der Natur im Zentrum.

Der Naturgarten – *wild und kreativ*

Anlage und Gestaltung eines Naturgartens orientieren sich an den Vorbildern in der Natur, es soll aussehen, als wäre er natürlich gewachsen. Einheimische Pflanzen, die langlebig sind und wenig Pflege benötigen, haben im naturnahen Garten den Vorrang, auf Chemie wird gänzlich verzichtet. Darüber hinaus fördern Naturgärtner heimische Wildtierarten und eine große Artenvielfalt. Charakteristisch für den Naturgarten sind wilde Hecken, Blumenwiesen, Trockensteinmauern und ein Naturteich. Der Garten muss nicht unbedingt groß sein, bereits mit kleinen Elementen wie einem morschen Baumstumpf, Stein- und Reisighaufen oder einem ungemähten Randstreifen entstehen naturnahe Ecken.

Der Wacholder ist für Gartenvögel ein wichtiges Nähr- und Schutzgehölz.

Die Wildstrauchhecke

Wer in seinen Garten Vögel locken und beobachten möchte, sollte auf jeden Fall heimische Sträucher anpflanzen. Fremdländische Ziergehölze und Nadelbäume haben für die heimische Tierwelt nur einen geringen ökologischen Nutzen. Die Früchte des heimischen Weißdorns werden beispielsweise von 32 Vogelarten gefressen, vom heimischen Wacholder ernähren sich 43, von der Vogelbeere und dem Schwarzen Holunder etwa 60 Vogelarten.

Eine Wildstrauchhecke hebt sich optisch von den üblichen immergrünen Hecken ab und ist das ganze Jahr über dekorativ. Im Frühjahr freut man sich über ihre bunten Blüten, im Sommer/Herbst trägt sie verschiedenfarbige Früchte und leuchtet im Herbst in buntem Laub. Eine Hecke aus blütenreichen, Früchte tragenden Wildsträuchern dient aber nicht nur als Gartenbegrenzung und Sichtschutz, sie ist vor allem ein wichtiger Lebensraum für Insekten, Vögel und Kleintiere. Auf Vögel wirkt sie geradezu wie ein Magnet, denn sie lieben die nahrhaften Früchte des Herbstes, mit denen sie sich für die kommenden harten Wintermonate stärken. Viele Obst- und Wildsträucher mit Dornen oder spitzen Blättern bieten den Vögeln aber auch Deckung und Schutz vor natürlichen Feinden und Angreifern wie Katzen, Mardern oder Raubvögeln. Darüber hinaus sind heimische Sträucher anspruchsloser und widerstandsfähiger, auch gegen witterungsbedingte Einflüsse und Schädlinge.

Die Früchte der Roten Heckenkirsche sind bei Vögeln sehr beliebt.

Zudem ist für jeden Gartenstandort etwas dabei: Weißdorn und Wildrosen mögen es gerne sonnig, Haselnuss und Pfaffenhütchen genügt ein halbschattiger Standort und die Heckenkirsche gibt sich mit einem schattigen Plätzchen zufrieden.

Eine Wildstrauchhecke pflanzen

Für eine freiwachsende Hecke setzt man am besten unterschiedliche Sträucher. Sobald der Boden im Frühjahr frei von Frost ist, kann der Naturgärtner mit dem Pflanzen beginnen. Zuerst werden die Pflanzlöcher (mindestens 30 cm tief und breit) ausgehoben, um dem Wurzelballen ausreichend Platz zu verschaffen. Rings um das Pflanzloch lockert man den Boden, damit die Wurzeln leichter ins Erdreich eindringen können und keine Staunässe entsteht. Wer das Wachstum zusätzlich fördern will, gibt etwas Kompost oder Rindenmulch hinzu. Große Sträucher werden in einem Abstand von 1–2 m, mittelgroße Sträucher von 1 m gesetzt. Hecken mit 2 m Höhe sollten etwa 1,5 m von der Grundstücksgrenze entfernt sein. Bis die Hecke dicht wächst, können allerdings 2–4 Jahre ins Land gehen. Anfängliche Lücken lassen sich mit Steinen, Sandhaufen und Wurzelstöcken optisch attraktiv und ökologisch sinnvoll schließen. Auch hier entstehen Verstecke, Höhlen oder Futterplätze für zahlreiche Kleinlebewesen, die ihren Zweck auch dann noch erfüllen, wenn sie von den Sträuchern überwachsen werden. Mit der Zeit werden zahlreiche Boden-

Eine Hecke aus verschiedenen Wildsträuchern mit dichtem Unterwuchs ist ideal als Schutzraum und Futterquelle.

Heimische Wildblumen sind eine wertvolle Futterquelle für Vögel, die von Insekten und Käfern leben, die sie auf den Pflanzen finden.

triebe die Hecke zum Dickicht wachsen lassen, was für Vögel ideal ist. Wird es zu dicht, kann man die schnellwachsenden Gehölze von der Basis her durch Herausnehmen der ältesten Äste verjüngen.

Ein auch in der Natur selten gewordenes Element einer naturnahen Hecke ist der „Krautsaum", der unter den Büschen liegt und den Übergangsbereich zur angrenzenden Grünfläche bildet. Hier ist der ideale Lebensraum für zahlreiche Insekten und Bodenwürmer, die wiederum Vögeln als Nahrung dienen. Deshalb lässt man Gras und „Unkraut" unter der Hecke wachsen und anfallendes Laub direkt an Ort und Stelle kompostieren.

Blumenwiese statt Rasen

Eine Blumenwiese bringt ein buntes Blütenmeer in den Garten. Sie ist pflegeleicht, muss kaum gewässert und lediglich zwei Mal im Jahr gemäht werden – am besten im Juni und September oder im Juli und Oktober. Die Blumenwiese besteht aus rund 50–60 Pflanzenarten, die den Gartenbesitzer jedes Jahr mit neuen Pflanz- und Farbkombinationen überraschen. Und sie ist ein wertvoller Lebensraum für Wildbienen, Schmetterlinge und andere Insekten. Es muss auch nicht 100 Prozent Blumenwiese sein, eine Insel inmitten des Rasens lässt sich ebenso in ein kleines Blütenmeer verwandeln.

Eine Blumenwiese anlegen

Rasen umgraben, Boden glatt harken und eine Tüte Blumensamen darüber streuen – so leicht geht es allerdings nicht. Die meisten Wildblumen gedeihen richtig nur auf nährstoffarmen, mageren Böden. Der Gartenboden ist meist jedoch aufgrund von Düngung und Nährstoffeintrag durch die Luft nährstoffreich. Deshalb sollte man ihn zunächst einmal „auf Diät setzen" und entsprechend vorbereiten. Die beste Zeit dafür ist von März bis Ende Mai. Dafür wird zunächst das Gras mitsamt den Wurzeln abgetragen, anschließend der Boden gelockert und falls nötig noch Sand eingearbeitet. Nach 2–3 Wochen Ruhepause sät man die Wildblumen-Mischung ein. Sehr gut geeignet sind heimische Wiesenblumen. Die Saatgut-Mischung sollte unbedingt auf die Boden-, Licht- und regionalen Verhältnisse des Gartens abgestimmt sein und beim Fachmann gekauft werden. Die besten Zeiten für die Ansaat sind Frühjahr, Frühsommer und Herbst. Die Saatgutmenge sollte 5 g/qm nicht überschreiten, die Saattiefe maximal 5 mm betragen. Abschließend walzt man die Saat an und hält den Boden 6 Wochen gut feucht. Nach einiger Wartezeit entwickelt sich eine bunte Blumenvielfalt, die bis in den Herbst hinein blüht.

Ein „wildes Eck"

In einem Naturgarten sind Bereiche wichtig, die sich völlig frei entwickeln und nicht regelmäßig gepflegt werden, zum Bei-

In diesem „wilden Eck" fühlt sich auch ein Igel wohl und sicher.

Ein Totholzstapel oder Reisighaufen ist schnell angelegt und wird vor allem von Bodenbrütern genutzt.

spiel versteckte Ecken hinter einem Kompost- oder Reisighaufen. Wilde Ecken sind wichtig für das ökologische Gleichgewicht im Garten. Dafür legt man Schnittgut und Laub ab oder errichtet in einem sonnigen Winkel einen Steinhaufen. Hier wächst vor allem die Brennnessel gut, eine Futterpflanze für Schmetterlinge und ein Versteck für Spinnen, Kröten und Laufkäfer. Auch für Igel ist das ein beliebter Rückzugsort. Hier wird kaum Unkraut gejätet, denn nicht alle Keimlinge entwickeln sich zu Unkraut. Oft entstehen aus ihnen auch Glockenblumen, Margeriten, Malven, Akeleien oder Königskerzen. Die Samen werden durch Wind und von Vögeln in den Garten getragen und sorgen für eine spannende Ergänzung im naturnahen Garten.

Totholzstapel und Reisighaufen

Vor allem Altbäume, auch wenn sie im Ertrag längst nachgelassen haben, bieten mit ihrer knorrigen Rinde und den Astlöchern eine wichtige Nahrungsquelle sowie Brutraum für Höhlenbrüter. Selbst dann noch, wenn der Baum bereits abgestorben ist. Solange es gefahrlos möglich ist, sollte solch ein „Methusalem" im Garten erhalten werden. Muss er eines Tages gefällt werden oder ist von selbst umgefallen, kann man das wertvolle Totholz in einer schattigen Ecke des Gartens ablegen und auf diese Weise einen neuen Lebensbereich für viele Tiere schaffen. Für einen Totholzstapel – auch als dekoratives Element – eignen sich ein alter Baumstamm, knorrige Äste oder Zweige. Ebenso lassen sich Laub und vertrockneter Pflanzenschnitt sowie größere Steine, die im Weg sind, dazugeben. Mit der Zeit wird das Holz brüchiger und von Pilzen, Flechten und Insekten besiedelt. Dadurch sammelt sich am Boden Mulm, der wiederum ideal für den Komposthaufen geeignet ist. Allerdings sollte der Stapel nicht in unmittelbarer Nähe von Obstbäumen sowie an einem windgeschützten Standort platziert sein, damit das Totholz nicht beim ersten Sturm weggeweht wird.

Die Trockenmauer

Bei einer Trockenmauer werden die Fugen nicht mit Mörtel gefüllt, sondern die Steine „trocken" aufeinandergelegt. Für den Bau

Eine Trockenmauer bringt nicht nur Struktur in den Garten, sondern bietet auch vielfältigen Lebensraum für Tiere und Pflanzen.

Viele Vogelarten jagen gerne über dem Wasser schwebende Mücken oder andere Fluginsekten.

eignen sich grundsätzlich alle Natursteine, nur Sandstein verwittert zu schnell. Wichtig ist ein fester Untergrund, zum Beispiel ein Fundament aus verdichtetem Kies. Die Mauer baut man nach oben hin schmaler. Zuerst werden die größeren Steine am Boden aufgestellt, die mittlere Reihe bilden kleinere Steine. Als Füllmaterial lassen sich Schotter, Kies, Bauschutt und alte Ziegel verwenden. Abschließend deckt man die Mauer nochmals mit schweren Brocken ab. Es ist wichtig, die Steine immer auf Lücke zu setzen. Auf diese Weise entstehen Nischen, die Kleintieren, Bienen, Hummeln und anderen Insekten sowie Kröten als Versteck dienen können. Zur Bepflanzung eignen sich u.a. Fetthennen- und Hauswurz-Arten, Steinbrech-Gewächse, Ehrenpreis, Thymian und Nelken.

Der Naturteich

Ein Teich im Naturgarten sollte halbschattig, aber nicht direkt unter Bäumen angelegt werden. Bei ausreichend Platz gilt: je größer, desto besser. Denn in größeren Teichen lässt sich die Wasserqualität leichter dauerhaft stabil halten. Das ist vor allem im Sommer wichtig, da sonst die Gefahr von Sauerstoffmangel entsteht. Im Winter dagegen können kleine Gewässer völlig zufrieren. Bei der Anlage muss

man darauf achten, dass der Teich unterschiedliche Tiefen hat. Tiefwasserbereiche von 80–100 cm, Flachwasserbereiche von 20–30 cm sowie flache Uferzonen sorgen für eine gesunde Artenzusammensetzung. In den Flachwasserbereichen spielt sich im Sommer das Leben ab. Hier nutzen Insekten, Vögel und andere Kleintiere den Teich als Wasserquelle, Amphibien können ans Ufer klettern und auf die Jagd gehen. Im Tiefwasser überwintern Insektenlarven und Amphibien. Im Naturteich sollte auf Teichfolie verzichtet werden, zur Abdichtung bieten sich Lehm und Ton an. Das erfordert zwar einen höheren Arbeitsaufwand, sorgt aber für ein besseres ökologisches Gleichgewicht. Wenn dann noch die Uferbereiche üppig bepflanzt werden, entsteht aus dem Gartenteich ein perfektes Feuchtbiotop.

Den Naturgarten pflegen

Der Leitgedanke des Naturgärtners ist es, mit der Natur, nicht gegen sie zu arbeiten. Er wirtschaftet natur- und umweltbewusst, hat Geduld und ist experimentierfreudig. Bei der Pflege des naturnahen Gartens sind einige Punkte zu beachten:

- Es ist günstiger, Laub liegen zu lassen, anstatt es zusammenzurechen. Es hält die Feuchtigkeit im Boden, führt ihm Nährstoffe zu und bietet Lebensraum für Kleintiere.
- Man verzichtet auf Torf und setzt zur Bodenverbesserung Kompost ein. Auch beim Kauf von Blumen- und Pflanzenerde ist auf torffreie Produkte zu achten.
- Mulch bildet einen schützenden Mantel und vermindert die Unkrautbildung. Zudem schützt er vor starken Witterungseinflüssen und liefert organisches Material, das zum Düngen für Gemüse- und Staudenbeete ideal ist.
- Grundsätzlich wird auf chemische Produkte verzichtet, Schädlinge lassen sich auch durch natürliche Feinde wie Igel und Marienkäfer bekämpfen.
- Mechanische Mittel wie Hacken und Absammeln sowie natürliche Stärkungsmittel aus Jauchen, kombiniert mit organischem Dünger reichen in der Regel zur Schädlingsbekämpfung und Pflanzenstärkung aus.
- Zur Bewässerung sind einheimische Pflanzen in der Regel mit dem Regenwasser zufrieden. Nur in besonders trockenen Perioden brauchen sie zusätzlich Wasser.

Mulchen ist beim naturnahen Gärtnern unverzichtbar, hier ein mit Rindenmulch bedeckter Gartenweg.

Einen vogelfreundlichen Garten gestalten

Ein naturbelassener Garten ist zwar eine notwendige, aber keine hinreichende Voraussetzung für ein reiches Vogelleben. Der Garten wird für Vögel vor allem dann interessant, wenn er neben natürlichen Futterquellen und Wasser auch Unterschlupf, Ruhe- und Nistplätze bietet.

Lebensraum *schaffen*

Ein vogelfreundlicher Garten zeichnet sich durch Vielfalt aus. Er schafft Lebensraum für die unterschiedlichsten Arten, das heißt vor allem Nahrung und Nistmöglichkeit. Je größer der Garten, desto mehr Klein-Lebensräume lassen sich realisieren. Dann trommelt vielleicht ein Buntspecht am Stamm der alten Eiche, eine Gartengrasmücke brütet in der Wildrosenhecke, Stieglitz, Gimpel und Grünfink suchen in der Blumenwiese nach Samen. Aber auch in kleineren Gärten kann man einiges für unsere heimische Vogelwelt tun. So lässt man an manchen Stellen „Unkraut" einfach wachsen und im Herbst Laub, in dem viele nahrhafte Kleintiere leben, liegen. Ein richtiges Schlaraffenland für Vögel ist der Komposthaufen mit seinen Würmern,

In Laubhäufen finden Vögel reichlich Nahrung.

Spinnen und Insekten. Schutz und Nistmöglichkeit finden sie nicht nur in Hecken und Sträuchern, sondern manche von ihnen auch in Reisighaufen, Totholzstapeln oder Trockenmauern.

Pflanzplan für eine Vogelschutzhecke

Mit versetzt gepflanzten Reihen lässt sich der vorhandene Raum optimal nutzen und die Hecke wird schön dicht. Im Beispiel werden die hohen Sträucher in einem Abstand von 1 m, die kleineren von 70 cm gesetzt, die Länge der Hecke beträgt 10 m.

Für Nisthilfen sorgen

Da natürliche Brutmöglichkeiten für höhlenbrütende Vögel Mangelware geworden ist, lässt sich die „Wohnungsnot" durch Aufhängen von Nistkästen im Garten entscheidend lindern. Sie können zwar die natürlichen Schlupfwinkel wie Spechthöhlen, ausgefaulte Astlöcher oder Rindenspalten nicht ersetzen, bieten jedoch vielfach die einzige Chance, manche Arten zum Brüten in den Garten zu locken und dadurch auch zu ihrem Überleben beizutragen. Höhlenbrüter nutzen je nach Art entweder bereits vorhandene Höhlen,

Gewöhnlicher Schneeball
(Viburnum opulus):
weiße Blüten [V–VI], rote Beeren

Kornelkirsche
(Cornus mas):
gelbe Blüten [II–III], rote Früchte

Schwarzer Holunder
(Sambucus nigra):
weiße Blüten [VI–VII],
schwarze Beeren

Weißdorn
(Crataegus monogyna):
weiße Blüten [V–VI], rote Früchte

Kupfer-Felsenbirne
(Amelanchier lamarckii):
weiße Blüten [IV],
orangegelbe Herbstfärbung,
blauschwarze Früchte

Pfaffenhütchen
(Euonymus europaeus):
kleine, gelbgrüne Blüten [V–VI],
orangerote Herbstfärbung, rote Früchte

Gold-Johannisbeere
(Ribes aureum, 2 Stück):
gelbe Blüten [IV–V], schwarze Beeren

Hecht-Rose
(Rosa glauca, 2 Stück):
rosarote Blüten [VI–VII], bläuliches Laub,
rote Hagebutten

Gewöhnliche Heckenkirsche
(Lonicera xylosteum):
weißgelbe Blüten [V–VI],
dunkelrote Früchte

Berberitze
(Berberis vulgaris, 2 Stück):
gelbe Blüten [V], rote Beeren

Kleiber brüten vorwiegend in Baumhöhlen.

zum Beispiel in Felsspalten, Mauerlöchern, Erdhöhlen und hohlen Bäumen oder legen eigene Höhlen an. Zu diesen Vogelarten gehören neben vielen anderen Kohl- und Blaumeise, Kleiber, Star, Haus- und Feldsperling, Trauerschnäpper und Gartenrotschwanz.

Nistkästen kann man entweder selbst aus Holz bauen oder im Gartenfachhandel besorgen. Beim Aufhängen ist darauf zu achten, dass Katzen oder Marder keinen Zugang finden. Das Flugloch sollte nach Osten gerichtet sein, also nicht zur Schlechtwetterseite.

Blaumeise am Nistkasten

Einen Meisenkasten bauen

Dafür empfehlen sich unbehandelte, 2 cm starke Fichten- oder Tannenholzbretter, die in jedem Baumarkt erhältlich sind. Mit 25 Nägeln (4–5 cm lang) werden die Einzelteile verbunden. Für den Bau sind weiterhin nötig Hammer, Schleifpapier, Holzbohrer, Raspel, Bleistift und Stichsäge.

1. Zuerst werden die Bretter auf die im Bauplan angegebenen Maße zurechtgeschnitten. Dafür zeichnet man die Silhouetten mit einem Bleistift vor und sägt sie dann mit der Stichsäge aus.
2. Anschließend werden die Außen- und Innenseiten der Bretter aufgeraut, damit die Jungvögel später besser das Nest verlassen können. Es ist ratsam, den Kasten einmal ohne Nägel zusammenzusetzen, um zu überprüfen, ob alle Teile wirklich zueinander passen.
3. Nun zeichnet man das Einflugloch (mit dem gewünschten Durchmesser) auf und bohrt es in die Vorderwand. Diese wird nur an den oberen Enden an den Seitenwänden festgenagelt, sodass sich die Wand nach oben klappen lässt (um den Kasten reinigen zu können).
4. Dann vernagelt man die Seitenwände und die Rückwand mit dem Boden, danach wird die Decke aufgesetzt; unbedingt nochmals überprüfen, ob sich die Vorderwand nach oben klappen lässt und nicht vom Dach blockiert wird.
5. Die Leiste zum Aufhängen des Kastens bringt man mittig auf der Rückseite an. Der Kasten sollte 2–4 m über dem Boden aufgehängt werden.

Bis spätestens Mitte März muss das neue „Eigenheim" beziehbar sein. Einmal im Jahr (September/Oktober) sollte es gereinigt werden.

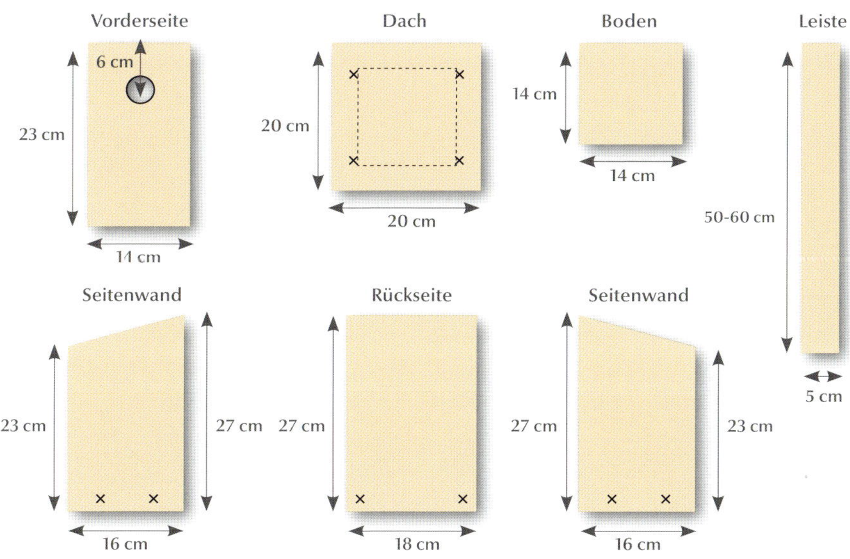

Nistkästen für Halbhöhlenbrüter

Während viele Vogelarten vorwiegend in geschlossenen Nistkästen (Meisenkästen) brüten, bevorzugen zum Beispiel Gartenrotschwanz, Hausrotschwanz, Rotkehlchen, Grauschnäpper und Amsel einen halb offenen Nistkasten (Halbhöhlen), da sie beim Brüten und bei der Aufzucht ihres Nachwuchses die Umgebung immer gut im Auge behalten wollen. Für diese Halbhöhlen- oder Nischenbrüter hängt man Halbhöhlen-Nistkästen an windgeschützten und ruhigen Plätzen, etwa in 2–3 m Höhe (nicht höher) auf. Der große, offene Eingang muss vor Wettereinflüssen wie Regen und direktem Sonnenlicht geschützt sein. Halbhöhlen-Nistkästen lassen sich gut direkt unter dem Hausdach in Nischen, Winkeln und unter Vorsprüngen anbringen. Sie sollten häufiger gereinigt werden, da Halbhöhlen-Brüter oft mehrmals im Jahr brüten.

Die Öffnung sollte vom Haus wegzeigen und für Katzen und Marder nur schwer erreichbar sein.

Nisthilfen für freibrütende Vögel

Auch in einem naturnahen Garten müssen von Zeit zu Zeit die Pflanzen gestutzt werden. Schnittgut von Sträuchern, Hecken oder Bäumen sollte man aber nicht häckseln. Während es langsam verrottet und dabei Nährstoffe freigibt, dient es einer Reihe von Tieren als sicherer Unterschlupf. Einige Vögel sind darauf spezialisiert, im toten Unterholz zu leben und ihren Nachwuchs großzuziehen. In Haufen aus Zweigen und Geästen unterschiedlicher Dicke brütet das Rotkehlchen und sucht nach Nahrung. Reisighaufen dienen aber auch Amseln und anderen Vögeln als Zufluchtsstätte, wenn sich ihnen Fressfeinde, zum Beispiel Katzen, nähern. Vor allem Jungvögel, die ihr Nest zwar bereits verlassen haben, aber noch von den Eltern gefüttert werden, suchen hier Schutz. Lässt man den Reisighaufen mit stacheligen Gewächsen wie einer Wildrose oder einem Brombeerstrauch überwuchern, ergibt sich ein besonderer Schutz- und Lebensraum. Wird der Haufen im Laufe der Zeit zu groß, sollte man ihn auf keinen Fall während der Brutsaison verkleinern oder abtragen!

Erste Hilfe für Findelkinder

Im späten Frühjahr oder Sommer ist manchmal im Garten ein scheinbar verlassener Jungvogel zu finden. Dann darf man nicht voreilig handeln, sondern sollte erst einmal sicherstellen, dass das Findelkind tatsächlich verwaist ist. Denn die Jungen vieler Vogelarten verlassen nämlich oft schon das Nest, ehe sie richtig fliegen können. Sie warten dann am Boden in sicherer Deckung auf die futterbringenden Eltern und teilen ihnen durch arttypische Bettelrufe ihren Standort mit. Deshalb beobachtet man das Junge zunächst einige Zeit. Sitzt es an einer ungeschützten Stelle, bringt man es vorsichtig in die Deckung einer Hecke oder eines Strauchs und wartet in einiger Entfernung, ob es gefüttert wird. Tauchen die Vogeleltern nach 2 Stunden nicht auf, wurde das Junge tatsächlich verlassen und braucht Hilfe. Dieser Fall ist jedoch die Ausnahme, denn die meisten Findelkinder wurden nicht verlassen, sie können nur noch nicht so gut fliegen. Da die Aufzucht eines Jungvogels große Sachkenntnis erfordert, bringt man ihn deshalb möglichst schnell in eine Vogelwarte oder Vogelschutzvereinigung.

In Deutschland ist es gemäß § 39 Abs. 5 des Bundesnaturschutzgesetzes verboten, Hecken in der Zeit vom 1. März bis 30. September abzuschneiden oder auf den Stock zu setzen, da während dieser Zeit Tierbruten stattfinden und dadurch die Nester der Vögel zerstört werden können. Manche Altvögel, deren Nester nicht dem Schnitt zum Opfer gefallen sind, geben dennoch aufgrund der Störung ihre Nester auf und ihre Jungvögel müssen qualvoll verhungern.

Diese am Boden sitzende Jungamsel muss nicht unbedingt von den Eltern verlassen sein.

Vögel brauchen Wasser

Ein Teich im Garten ist eine ökologische Bereicherung der besonderen Art und für Vögel ein beliebter Treffpunkt, an dem sie trinken und baden können. Wenn es dafür im Garten keine geeigneten Voraussetzungen gibt oder er zu klein ist, kann auch eine Vogeltränke dafür sorgen, dass die gefiederten Gäste immer mit frischem Wasser versorgt sind. In der Regel spricht sich unter ihnen auch die Wasserquelle schnell herum und lockt viele Vögel an. Vor allem in heißen, trockenen Sommern ist das Angebot einer Tränke und Badestelle für sie eine existenzielle Hilfe.

Der Gartenfachhandel bietet eine große Auswahl an Vogeltränken und -bädern an. Es gibt Tränken aus Naturstein und Metall, auch in der Form kann man zwischen unterschiedlichen Modellen wählen. Darüber hinaus lässt sich eine Vogeltränke auch selber bauen, im Internet finden sich dazu zahlreiche Anleitungen. Eine gute Vogeltränke hat einen flachen Rand, damit die Vögel dort landen können, um sich dem Wasser langsam anzunähern. Damit alle Vögel von ihr profitieren, sollte sie vom Rand zur Mitte hin tiefer werden. Für kleine Vögel reicht eine Tiefe von 2,5–5 cm, für größere Vögel darf es in der Mitte bis 10 cm Wassertiefe sein. Idealerweise ist der Boden etwas aufgeraut, damit die Tiere beim Trinken und Baden einen sicheren Halt haben und nicht wegrutschen.

Vögel nehmen in der Regel eine Tränke nur an, wenn sie sich dort auch sicher fühlen und die Umgebung für sie gut einsehbar ist. Eine Hecke oder ein größeres Gebüsch sollte 2–3 m entfernt sein, sodass sich Katzen nicht direkt neben der Tränke verstecken können. Mit genügend Freiraum ist für die gefiederten Badegäste eine Bedrohung früh zu erkennen. Stellt man die Tränke erhöht auf, haben sie ebenfalls einen guten Überblick und sind für Räuber schwerer zu erreichen. Da Vögel mit nassem Gefieder nur schlecht fliegen können, ist ein in der Nähe gelegener Fluchtort, zum Beispiel ein Baum, günstig, den sie schnell anfliegen können, wenn Gefahr droht. Er bietet einen wichtigen Rückzugsort und Platz, an dem sie sich nach dem Bad putzen. Darüber hinaus spendet ein Baum dem Standort der Tränke Schatten, denn sie darf nicht den ganzen Tag in der prallen Sonne stehen.

Ein Feldsperling löscht seinen Durst.

Die Vogeltränke reinigen

Da Gartenvögel die Tränke nicht nur zum Trinken, sondern auch zum Baden benutzen, ist es wichtig, sie sauber zu halten. Im stehenden Wasser sammeln sich schnell Dreck und Pflanzenreste an. Wird die Tränke nicht regelmäßig gereinigt, finden sich im schmutzigen Wasser bald Krankheitserreger und Parasiten ein, mit denen sich die Vögel infizieren können, was für sie meist tödlich endet. Durch den regelmäßigen Wasseraustausch kann die Vogeltränke auch nicht zur Brutstätte für Stechmücken werden. Das Wasser sollte also regelmäßig (einmal pro Woche) ausgetauscht und das Gefäß mit heißem Wasser und einer Bürste (ohne chemisches Reinigungsmittel!) gesäubert werden. An heißen Tagen muss der Wasserwechsel täglich erfolgen. Neben einer Vogeltränke lässt sich im Garten auch ein Sandbad aufstellen. Dazu füllt man einfach genügend Quarzsand in eine Schale. Auch von den Vögeln nicht angenommene Tränken lassen sich zu einem Sandbad umfunktionieren und erfüllen auf diese Weise doch noch einen Zweck. Denn viele Vogelarten benutzen gerne einen Sandhaufen, um ihr Gefieder von Parasiten zu befreien.

Bühne fürs Vogelkonzert

Eine Reihe von Vögeln nutzt erhöhte Sitzwarten für die Revier- und Balzgesänge und um Ausschau nach Feinden zu halten. Von einem hohen Baum, Strauch oder Dachgiebel aus lassen sie ihr Lied erklingen oder stürzen sich in die Tiefe, um ein Insekt zu erjagen. Gibt es im Garten keine erhöhten natürlichen Singplätze, kann man auch hohe Stangen montieren, die dann von den Vögeln als Sitzwarte benutzt werden.

Von einer Sitzwarte aus schmettert ein Zaunkönig seinen Gesang.

Zu den ersten Sängern im Februar und März zählt die Amsel. Schon vor Sonnenaufgang beginnen die Männchen mit ihren melodiösen Strophen den Tag. Der morgendliche Vogelgesang dient in erster Linie der Revierabgrenzung und der Werbung um einen Brutpartner. Singende Männchen zeigen den Weibchen, dass sie bereit sind, in ihrem Revier eine Familie zu gründen, ein Nest zu bauen und Nachwuchs aufzuziehen. Manche Vogelmännchen präsentieren interessierten Weibchen sogar schon Brutplätze. Zaunkönige stellen im Unterholz gut versteckt mehrere Nestkugeln aus Moos „im Rohbau" fertig und das Weibchen kann sich eines davon aussuchen. Der Gartenrotschwanz zeigt dem Weibchen passende Bruthöhlen in Obstbäumen oder Nistkästen. Auch hier trifft das Weibchen die endgültige Auswahl. Bereits ab Februar kehren zu den bereits

Das Rotkehlchen singt in langen Strophen mit hellen Tönen.

anwesenden Amseln, Meisen, Buchfinken, Zaunkönigen und Rotkehlchen weitere Vogelarten aus ihren Überwinterungsquartieren zurück und bereichern das Vogelkonzert zusätzlich. Im Februar sind es Stare und Singdrosseln, im März Zilpzalp, Haus- und Gartenrotschwanz.

Auftakt am frühen Morgen

Vögel singen fast nur zur Brutzeit, daher hört man ihren Gesang vor allem ab dem Spätwinter bis Ende Juli. Besonders von Ende April bis Anfang Juni ist ein vielstimmiges Konzert zu hören. Dabei hat jede Vogelart einen anderen Zeitpunkt für ihren morgendlichen Gesangsbeitrag, der durch die zunehmende Tageshelligkeit bestimmt wird. Jeden Morgen setzen die einzelnen Arten in der gleichen Reihenfolge in den Gesang ein. Der Sonnenaufgang ist dabei der Referenzzeitpunkt, fast alle Vogelarten beginnen schon vor Sonnenaufgang zu singen, die ersten bereits, wenn es noch dunkel ist.

Der Vogelgesang ebbt im Laufe des Jahres ab und erlischt mit Ende der Fortpflanzungsperiode im Juni und Juli völlig. Dann sind die meisten Jungvögel ausgeflogen und selbstständig. Viele Vögel legen dann eine Ruhepause ein, in der sie in der Mauser ihr Gefieder erneuern.

Der Vogelgarten *im Winter*

Im Herbst machen sich viele Gartenbesitzer ans Aufräumen. Doch zu viel Ordnungsliebe kann für die Vögel von Nachteil sein. Denn zur Erhaltung der Artenvielfalt sollte der Garten auch im Winter ausreichend natürliche Nahrungsquellen bieten. Laub sollte kompostiert oder auf Beeten und unter Gehölzen verteilt werden. Deshalb ist es auch wichtig, dass man Gartenstauden nicht schneidet. In hohlen Stängeln, Blattachseln und Blütenresten überwintern viele Insekten, von denen sich Weichfresser wie Rotkehlchen, Kleinspechte und Zaunkönig ernähren. Die Samenstände der Stauden sind Nahrungsquelle für Körnerfresser wie Finken und Zeisige.

Winterfütterung

Sie wird unter Vogelfreunden heftig diskutiert. Die einen sehen in ihr eine Überlebenshilfe für hungernde Vögel, anderen

Ein „unaufgeräumter Garten" bietet Vögeln auch im Winter Schutz und Nahrung.

Amsel auf einem Zierapfelbaum

Ein offener Futterplatz ist im Winter Anziehungspunkt für viele Vogelarten.

gilt sie als falsch verstandene Tierliebe. Vogelexperten sind sich einig, dass bei uns überwinternde Vögel nicht auf die Fütterung durch Menschen angewiesen sind, sie aber dennoch durchaus erlaubt ist. Denn an Futterstellen lassen sich Vögel aus nächster Nähe beobachten. Das Füttern ist nicht nur ein Naturerlebnis, man lernt auch verschiedene Arten kennen und unterscheiden. Beginn und Ende der Winterfütterung richten sich nicht genau nach dem Kalender, sondern nach dem Wetter. Man füttert erst dann, wenn die natürlichen Nahrungsquellen weniger werden, zum Beispiel mit beginnendem Frost.

So füttert man richtig:

- Die Futterstelle muss so gebaut und angebracht sein, dass das Futter auch bei starkem Regen, Schnee und Wind nicht durchnässt werden kann, da es sonst verdirbt. Sehr gut bewährt haben sich Futtersäulen aus Plexiglas, die bei verschiedenen Anbietern erhältlich sind. Sie empfehlen sich besonders, weil sie durch ihre spezielle Konstruktion eine größtmögliche Hygiene gewährleisten und dank der kleinen, seitlich befestigten Sitzstege den weniger klettergewandten Vogelarten sicheren Halt bieten. Zudem kann man immer genau sehen, wie viel Futter sich noch in der Säule befindet. Futtersäulen lassen sich leicht hängend anbringen, die auf ihnen

Bei dieser Futtersäule kann man genau erkennen, wann Futter nachgefüllt werden muss.

sitzenden Vögel sind für Katzen nicht leicht zu erwischen. Die Säulen kann man problemlos reinigen, weil die Vögel nur äußerst selten die versetzt zueinander angebrachten Sitzstege bekoten, das Futter kommt so nicht mit Vogelkot in Kontakt.

- Als Basisfutter, das von fast allen Arten gefressen wird, eignen sich Sonnenblumenkerne. Freiland-Futtermischungen enthalten zusätzlich andere Samen unterschiedlicher Größe. Die häufigsten Körnerfresser an der Futterstelle sind Meisen, Finken und Sperlinge. Bei uns überwintern daneben auch Weichfutterfresser wie Rotkehlchen, Heckenbraunelle, Amsel oder Zaunkönig. Für sie kann man Rosinen, Obst, Haferflocken und Kleie auch in Bodennähe anbieten. Es gibt spezielle Bodenfutterspender, die sich dafür eignen. Insbesondere Meisen lieben auch Gemische aus Fett und Samen, die man selbst herstellen oder als Meisenknödel kaufen kann.

Vogelfutter in der Natur sammeln

Wer auch im Winter Vögel in seinem Garten beobachten will, der kann bei einem Herbstspaziergang natürliches Vogelfutter sammeln. Amseln bevorzugen Beeren von Weißdorn, Holunder, Sanddorn, Schlehe

Die Früchte des Feuerdorns

und Eberesche. Verschiedene Getreidekörner, Gräsersamen, Sonnenblumenkerne und Haselnüsse sind bei Grünfink, Sperling und Dompfaff beliebt. Blau- und Kohlmeisen fressen sowohl Beeren als auch Körner. Beeren können eingefroren oder auf einem Heizkörper mehrere Tage lang getrocknet werden. Enthalten sie keine Feuchtigkeit mehr, stehen sie als Vogelfutter zur Verfügung. In einem trockenen Leinenbeutel kühl und trocken aufbewahrt bleibt es gut haltbar.

Unerwünschte Gäste fernhalten

In den letzten Jahren ist zu beobachten, dass die unbeliebten Elstern, Krähen und Raben den Garten als willkommene Nahrungsquelle entdeckt haben, ja sogar dort nisten. Als Nesträuber verrufen, können sie zudem den Gartenvögeln gefährlich werden. Trotz ihrer zumeist laut krächzenden Laute gehören aber auch sie zu den Singvögeln.

Rabenvögel sind mehr als alle anderen Vogelfamilien der Anlass für hitzige Diskussionen zwischen Naturschützern, Gartenbesitzern und Landwirten und werden oft zu Unrecht als Übeltäter abgestempelt. Wenn der Eindruck entsteht, der Bestand an Rabenvögeln hätte in den letzten Jahren zugenommen, liegt das vor allem daran, dass sie zunehmend aus ihrem angestammten Lebensraum in der Agrarlandschaft in Siedlungsräume umziehen. Denn dort finden sie leichter Nahrung als in einer strukturarmen und intensiv bewirtschafteten Feldflur.

Wenn auch das Vertreiben von Rabenvögeln verboten ist, so muss man es ihnen im Garten auch nicht „gemütlich machen". Vor allem sollten ihnen keine offen zugänglichen Futterstellen angeboten werden. Die Reste des Grillabends und Küchenabfälle sind für sie ein Festessen. Auch Nistkästen können Futterstationen für Rabenvögel sein, wenn die Einflugöffnung so groß ist, dass sie Eier oder Jungvögel rauben können. Niemals sollte Hunde- oder Katzenfutter unbeaufsichtigt im Freien stehen.

Auch Saatkrähen sind im Bestand gefährdet.

Katzen und Hunde sind größer als Rabenvögel und im Garten deshalb ihre natürliche Feinde. Auch eine Vogelscheuche kann gute Dienste leisten, allerdings funktioniert sie meist nur eine begrenzte Zeit, da sie vor allem von Elstern bald „durchschaut" wird. Mit etwas Glück lassen sich die ungebetenen Gäste auch mit beweglichen und reflektierenden Objekten (CDs, Streifen von Alufolie, Luftballons), die man im Garten an Sträuchern oder Bäumen aufhängt, abschrecken. Wenn im Frühjahr die Saat aufgeht und die jungen Pflanzen sprießen, genießen Elstern gern das frische Grün. Um das Saatgut und die Jungpflanzen zu schützen, empfiehlt es sich, die Beete abzuspannen.

Elstern sind geschützte Wildvögel

Nach dem Bundesnaturschutzgesetz gilt die Elster – wie alle anderen bei uns heimischen Wildvögel – als geschützt. Demzufolge darf man sie weder jagen noch fangen, verletzen oder töten sowie ihre Eier oder Jungvögel beschädigen oder zerstören. Es ist deshalb verboten, Elstern während Fortpflanzungs-, Aufzucht-, Mauser-, Überwinterungs- und Wanderungszeiten erheblich zu stören. Sie lassen sich also kaum aus dem Garten verjagen, ohne gegen das Gesetz zu verstoßen. Andererseits sind sie als natürliche Schädlingsbekämpfer für das ökologische Gleichgewicht wichtig, da sie Mäuse, Raupen, Drahtwürmer und Larven vertilgen. Außerdem verhindern sie als Aasfresser die Verbreitung von Krankheiten. Indem sie mehrere Nester bauen, aber nur in einem brüten, nehmen sie sogar anderen Vogelfamilien, die in die unbenutzten Nester einziehen, die Arbeit ab.

Elstern sorgen für das ökologische Gleichgewicht im Garten.

Vogelfreundliche Pflanzen

Auf den folgenden Seiten werden heimische Wildsträucher und Stauden gezeigt und beschrieben, mit deren Pflanzung den Vögeln im Garten vielfältig Nahrung – Früchte und Samen – sowie natürlicher Schutz geboten werden kann.

Schwarzer Holunder

Sambucus nigra

AUSSEHEN | Der sommergrüne, buschige Wildstrauch, selten auch kleine Baum, mit bogig nach außen überhängenden Ästen und Zweigen wird bis zu 7 m hoch. Die Blätter sind oberseits mattgrün, unterseits heller und kahl, duften beim Zerreiben aromatisch. Die cremeweißen Blüten (Mai/Juni) stehen in großen, flachen Schirmrispen und duften angenehm. Die kugeligen, schwarzroten Steinfrüchte reifen ab August.

STANDORT | Sonnig bis halbschattig, mit nährstoffreichem Boden.

Heckenrose

Rosa canina

AUSSEHEN | Der sommergrüne, freistehend rundliche, sonst wenig verzweigte, mit Stacheln besetzte, kletternde Wildstrauch wird 1–3 m hoch. Die 4 cm langen Blätter sind oberseits matt dunkelgrün, unterseits leicht bläulich. Die blass-, tiefrosa oder roten, selten weißen Blüten (Juni/Juli) stehen einzeln oder zu dritt auf kurzen Stielen. Die bis 2,5 cm langen Hagebutten reifen ab September.

STANDORT | Sonnig bis halbschattig, mit einem lockeren, humusreichen, lehmhaltigen Boden.

GARTEN TIPP

Optimale Pflanzzeiten sind der Herbst oder das zeitige Frühjahr. In das Pflanzloch sollte etwas Kompost gegeben werden. Die Früchte des zu allen Jahreszeiten dekorativen Wildobsts locken viele Vögel in den Garten.

Wie alle Wildrosen ist die Art für den naturnahen Garten als Heckengehölz sehr zu empfehlen. Sie bietet von der Blüte (Bienen) bis zur Fruchtreife (Vögel, Kleintiere) Nahrung und Lebensraum.

Wilder Wein

Parthenocissus tricuspidata

AUSSEHEN | Sommergrüne Kletter- und Rankpflanze, die bis zu 10 m Höhe erklimmen kann. Sie bildet ein flaches, stark verzweigtes Wurzelwerk, aus dem über die Jahre mehrere Triebe wachsen, die mit der Zeit verholzen. Aus den verholzten Trieben wachsen Ranken, die je nach Art unterschiedlich geformte, im Herbst leuchtend rote Blätter haben. Die kleinen, unscheinbaren, grünlichen Blüten (Juli) stehen in Schirmrispen. Die dunkelblauen, bereiften Beerenfrüchte reifen ab Oktober.

STANDORT | Sonnig bis halbschattig, mit nähstoffreichem Boden.

GARTEN TIPP

Der Wilde Wein ist zum Begrünen von Hauswänden seit Langem in Kultur und bietet Vögeln, die gerne die Früchte verzehren, auch direkt am Haus einen optimalen Nistplatz.

Gemeiner Wacholder

Juniperus communis

AUSSEHEN | Der immergrüne, säulenförmige oder breitbuschige Nadelstrauch wird 1–5 m hoch. Die abstehenden Nadelblätter sind sehr steif, spitz und stechend, oberseits graugrün, mit breitem Mittelband. Weibliche Blüten (April–Juni) mit mehreren Wirteln von Schuppenblättern, von denen die drei obersten fleischig werden und einen saftigen, rotschwarzen, bläulich bereiften Beerenzapfen bilden. Dieser reift im zweiten Jahr nach der Blüte und duftet beim Zerreiben aromatisch.

STANDORT | Sonnig bis halbschattig, mit einem trockenen Boden.

Wacholder braucht viel Licht. Als Hecke wird er von Vögeln sehr geschätzt. Die Beerenzapfen sind eine wertvolle Nahrung für Tauben, Wacholder- und Singdrossel.

Gemeiner **Sanddorn**

Hippophae rhamnoides

AUSSEHEN | Der sommergrüne, dicht verzweigte, mittelgroße Wildstrauch wird 2–3 m hoch. Zahlreiche Kurztriebe sind in lange Dornen umgewandelt. Die kurzgestielten Blätter sind oberseits grün, unterseits silbrig-grau, beiderseits mit großen Sternhaaren besetzt. Die Blüten erscheinen vor dem Laubaustrieb (April/Mai). Ab September reifen große, leuchtend orangegelbe, beerenartige, essbare Früchte.

STANDORT | Sonnig, mit humusreichem, durchlässigem Boden.

Gemeine **Berberitze**

Berberis vulgaris

AUSSEHEN | Der sommergrüne, aufrechte, dornenbesetzte Wildstrauch mit bogig überhängenden Ästen wird 1–3 m hoch. Die büschelig angeordneten, scharf dornig gezähnten Blätter sind oberseits dunkelgrün, unterseits heller. Die Blüten (April–Juni) mit gelben Kelch- und Kronblättern hängen in Trauben. Die leuchtend roten, länglich-ovalen Beerenfrüchte reifen ab September.

STANDORT | Sonnig bis halbschattig, mit kalkhaltigem, leicht feuchtem Boden.

GARTEN TIPP

Sanddorn ist das ganze Jahr über dekorativ. Im Garten kann das wertvolle Wildobst dichte Hecken bilden und ist für viele Vögel ein Nist- und Nahrungsgehölz. Sein weit ausgebreitetes Wurzelsystem eignet sich hervorragend zur Bodenbefestigung.

Die Berberitze ist ein dekoratives und vor allem nützliches Vogelschutzgehölz. Seit Langem in Gartenkultur und häufig als Heckenpflanze wird Thunbergs Berberitze (*B. thunbergii*) eingesetzt (im Bild die Blutberberitze (*B. thunbergii 'Atropurpurea'*).

Gewöhnlicher Schneeball

Viburnum opulus

AUSSEHEN | Der Gewöhnliche Schneeball ist ein sommergrüner, kompakter, schnellwüchsiger, bis 4 m hoher Strauch mit ausgebreiteten, etwas überhängenden Ästen. Die oberseits dunkelgrünen, unterseits graugrünen, gestielten Blätter sind drei- bis fünflappig und am Rand gezähnt. Die großen, weißen Blüten (Mai/Juni) stehen in endständigen, bis 10 cm breiten Trugdolden.

STANDORT | Ideal sind vollsonnige Plätze mit einem feuchten, lehmigen Boden.

Schlehe

Prunus spinosa

AUSSEHEN | Die Schlehe ist ein sommergrüner, sparrig verzweigter Wildstrauch mit dornenbesetzten, 1–3 m hohen Ästen und Zweigen. Die Triebe sind kurz und häufig ebenfalls dornenförmig ausgebildet. Die dunkelgrünen, büscheligen, ovalen Blätter sind gezähnt. Die fünfzähligen weißen, 1,5 cm breiten Blüten (April/Mai) sitzen einzeln, aber gehäuft auf den Trieben. Die blauschwarzen Steinfrüchte reifen ab Oktober.

STANDORT | Sonnig, mit einem trockenen, kalkhaltigen Boden.

GARTEN TIPP

Der Schneeball ist ein Vogelschutzgehölz und im Garten als Strauch und Hecke beliebt. Denn er punktet nicht nur mit seinen Blüten. Sind diese verblüht, bildet er ab August hübsche, rote Beerenfrüchte aus, die den Strauch bis in den Winter zieren.

Die Schlehe ist ein echtes Naturschutzgehölz. Die Blüten sind für Bienen, Hummeln und für verschiedene Schmetterlinge eine wichtige Nahrungsquelle. Vor allem aber bietet sie Vögeln einen idealen Schutz vor Nesträubern.

Apfelbaum

Malus domestica

AUSSEHEN | Der sommergrüne, wenig bedornte, sparrig verzweigte, 5–10 m hohe Baum oder Strauch bildet im Freistand eine ausladende Krone aus. Die hellgrünen, später matt dunkelgrünen Blätter sind wechselständig angeordnet. Die weißen oder leicht rosa Blüten stehen einzeln oder in doldigen Schirmrispen und duften häufig.

STANDORT | Hell, sonnig bis halbschattig mit feuchtem, wasserdurchlässigem und humusreichem Boden.

Brombeere

Rubus fruticosus

AUSSEHEN | Die Brombeere ist ein sommergrüner, vitaler Halbstrauch mit bogig überhängenden, bis zu 2 m langen Ästen. Die Sprossachsen sind mehr oder weniger stachelig und verholzen mit der Zeit. Die wechselständig angeordneten Laubblätter sind in Blattstiel und Blattspreite gegliedert. Erst im zweiten Jahr werden Seitentriebe gebildet, an deren Enden sich von Mai bis August traubige oder rispige, weiße Blütenstände ausbilden.

STANDORT | Sonnig bis halbschattig und windgeschützt.

GARTEN TIPP

Für die heimische Kleintierwelt ist der ökologische Wert von Kultursorten des Apfels groß. Blüten und Blätter bieten reiche Nahrung. Stamm und Astlöcher sind ein begehrter Wohn- und Ruheplatz. Gut eignet sich die Pflanzung auch als Spalier vor Hauswänden.

Neben altbewährten gibt es auch neue, dornenlose Sorten. Regelmäßiges Auslichten fördert die Verjüngung. Im Winter die immergrünen Sorten ausreichend mit Wasser versorgen.

Himbeere

Rubus idaeus

AUSSEHEN | Der sommergrüne, bis 2 m hohe Halbstrauch breitet sich stark durch Wurzelausläufer aus. Die Ruten sind mit feinen Stacheln besetzt, die Blätter wechselständig an den Sprossachsen angeordnet. Die weißen, aromatisch duftenden Blüten (Mai–August) stehen in lockeren, aufrechten Trauben. Die roten, samtig behaarten Sammelsteinfrüchte reifen ab Juli.

STANDORT | Sonnig bis halbschattig, windgeschützt, mit einem lockeren, humusreichen Boden.

Stachelbeere

Ribes uva-crispa

AUSSEHEN | Der sommergrüne, buschige Wildstrauch mit aufrechten, bestachelten Zweigen wird 0,5–1,5 m hoch. Die drei- bis fünflappigen Blätter sind tief gekerbt oder gezähnt und behaart. Die grünlichen oder grün-purpurnen Blüten (April/Mai) stehen einzeln oder in wenigblütigen Trauben. Die rundlichen, grünen, durchscheinenden Beerenfrüchte reifen ab Juli.

STANDORT | Halbschattig, windgeschützt, mit einem nährstoffreichen, mittelschweren, leicht feuchten Boden.

GARTEN TIPP

Herbst-Himbeeren sind besonders pflegeleicht und madenfrei. Sie tragen nicht nur am einjährigen Holz Früchte, sondern auch an den neuen Ruten. Die späte Fruchtreife hat den Vorteil, dass die Blüten am neuen Holz nicht vom Himbeerkäfer befallen werden.

Stachelbeeren können als Strauch oder als Hochstämmchen angebaut werden, auch am Spalier lassen sie sich ziehen. Sie zählen zu den pflegeleichten Obstgehölzen, deren Blüte lediglich vor Spätfrösten geschützt werden muss.

Schwarze
Johannisbeere

Ribes nigrum

AUSSEHEN | Der sommergrüne, buschige, stachellose Strauch mit fein behaarten Jahrestrieben wird 1–2 m hoch. Die langgestielten Blätter sind oberseits kahl, unterseits mit gelben Drüsen besetzt. Die grünlich-gelben Blüten (April/Mai) sitzen in abstehenden oder hängenden Trauben. Blätter und Rinden verbreiten beim Zerreiben einen unangenehmen Duft. Die saftigen, kugeligen, schwarzen Früchte reifen ab Juni.

STANDORT | Sonnig, windgeschützt, mit humosem, nährstoffreichem Boden.

GARTEN TIPP

Schwarze Johannisbeeren müssen nach der Ernte zurückgeschnitten werden, um die Verzweigung der fruchttragenden Triebe zu fördern. Auch ein Pflegeschnitt im Herbst ist ratsam. Die Früchte sind eine beliebte Vogelnahrung.

Heidelbeere

Vaccinium myrtillus

AUSSEHEN | Der sommergrüne, reich verzweigte, bis zu 50 cm hohe Zwergstrauch ist dicht mit Blättern besetzt. Die Äste sind nur an der Basis stärker verholzt. Die kantigen, grünen Zweige sind biegsam und sehr fest. Die matt hellgrünen, kurzgestielten, ovalen Blätter werden im Herbst goldgelb bis karminrot. Die grün-weißen Blüten oder kräftigen roten Früchte (Mai/Juni) stehen zu zweit in den Blattachseln. Die blauschwarzen, heller bereiften Früchte reifen ab Juli.

STANDORT | Halbschattig, mit humosem, saurem, sandigem Boden.

Die Früchte sind bei Singvögeln und Kleinsäugern sehr beliebt. Für die Gartenkultur wird die nahverwandte, aus Amerika stammende Kulturheidelbeere (*V. corymbosum*) angeboten.

Weißdorn

Crataegus-Arten

AUSSEHEN | Die sommergrünen, dicht verzweigten und bedornten Wildsträucher oder kleinen Bäume (*C. monogyna* und *C. laevigata*) werden 3–5 m hoch. Die langgestielten Blätter sind oberseits grün, beiderseits kahl. Die weißen Blüten (Mai/Juni) stehen zahlreich in Schirmrispen und duften unangenehm. Die roten, ungenießbaren Apfelfrüchte mit einem Steinkern reifen ab September.

STANDORT | Sonnig bis halbschattig, mit nährstoffreichem, kalkhaltigem Boden.

Gewöhnliche Hasel

Corylus avellana

AUSSEHEN | Der sommergrüne Strauch erreicht Wuchshöhen von 2–5 m. Auffallend sind die extrem biegsamen und langen, gedrehten Triebe. Der windblütige Strauch gibt schon im zeitigen Frühjahr in kleinen Wölkchen gelben Blütenstaub ab. Die blütenstaubtragenden Kätzchen werden bis zu 10 cm lang. Die weiblichen Blüten verbleiben unscheinbar in den geschlossenen Zweigknospen. Aus ihnen entwickeln sich als Früchte kleine, hellbraune, glänzende Haselnüsse.

STANDORT | Vollsonnig bis halbschattig und windgeschützt.

GARTEN TIPP

Beide Weißdorn-Arten sind wegen ihres dekorativen, reichen Blüten- und Fruchtschmucks beliebte Heckengehölze, die zudem Schnitt gut vertragen. Als Lebensraum und Nahrung für Singvögel empfehlen sie sich auch in Gärten als Schutzgehölze.

Gute Nachbarn für die Haselnuss sind Heckenrosen, Holunder, Pfaffenhütchen und Johannisbeeren. Mit den strauchartigen Gewächsen kann sie gut als gemischte Hecke gepflanzt werden.

Europäisches Pfaffenhütchen

Euonymus europaeus

AUSSEHEN | Das Pfaffenhütchen ist ein 3–4 m hoher, reich verzweigter, sparrig wachsender Strauch. Im Herbst besticht er durch seine attraktive Laubfärbung und die bizarr aussehenden Früchte, deren Samen in der Vogelwelt sehr beliebt sind. Für den Menschen ist die Pflanze giftig, besonders die Samen. Das Großfrüchtige Pfaffenhütchen (*E. planipes*) und das Geflügelte Pfaffenhütchen (*E. alatus*) faszinieren durch eine frühe, leuchtend purpurne Herbstfärbung.

STANDORT | Sonnig und warm mit tiefgründigem Boden.

GARTEN TIPP

Das Europäische Pfaffenhütchen ist als einziger Vertreter bei uns heimisch, man findet es in Wildhecken und an Waldrändern. Im Garten passt es am besten in naturnahe Hecken.

Efeu

Hedera helix

AUSSEHEN | Die kleine Gattung *Hedera* umfasst nur wenige Arten, jedoch zahlreiche Sorten verschiedenartiger Kletterpflanzen. Bei allen Arten und Sorten des Efeus sind die immergrünen Blätter ledrig und oft gelappt, glänzend grün oder panaschiert. Die kleinen, unscheinbaren Blüten (September/Oktober) sind zwittrig. Die mattschwarzen Beerenfrüchte reifen im folgenden Frühjahr. Die meisten der Pflanzen bilden Luftwurzeln aus, die auf feuchten Unterlagen haftenbleiben.

STANDORT | Halbschattig bis schattig

Als Heckenpflanze braucht Efeu ausreichend Unterstützung zum Beispiel mit einem Drahtgitter oder Holzzaun. Diese muss vor der Pflanzung fertig sein. In der Wachstumszeit gut feucht halten.

Hartriegel

Cornus

AUSSEHEN | Der sommergrüne, reich verzweigte Wildstrauch wird bis zu 5 m hoch. Im Frühsommer (Mai/Juni) ziert er sich mit weißen Hochblättern. Die blauen Steinfrüchte reifen ab September. Der Rote Hartriegel (*C. sanguinea*) beeindruckt vor allem im Herbst durch seine blutrote Laubfärbung und das ganze Jahr über mit seiner bläulich-grünen Rinde, die zur besonnten Seite hin gerötet ist.

STANDORT | Sonnig bis halbschattig mit kalkfreiem, gut durchlässigem Boden.

Liguster

Ligustrum vulgare

AUSSEHEN | Der sommergrüne, 1–3 m hohe Strauch hat aufrechte, rutenförmige, dicht belaubte Zweige. In milden Wintern wirft er sein Laub erst im nächsten Frühjahr zum Laubaustrieb ab. Die grünlich-weißen Einzelblüten stehen in 3–6 cm langen Rispen und erscheinen im Juni/Juli. Die Fruchtstände reifen von August bis Oktober. Die kugeligen Einzelfrüchte sind reif glänzend schwarz und hängen bis lang in den Winter am Strauch.

STANDORT | Sonnig bis halbschattig mit nährstoffreichem Boden.

GARTEN TIPP

Wegen der intensiven Färbung von Jungtrieben und Herbstlaub sowie der attraktiven Blüten und Früchte ist der Hartriegel ein beliebter Zierwildstrauch auch für Einzelpflanzungen im Garten.

Liguster wird gerne als Sichtschutzhecke gepflanzt. Für eine Hecke werden 4–5 Sträucher pro Laufmeter gesetzt. Wegen seines dichten Gehölzes wird er vielfach von Vögeln als Nistgehölz aufgesucht.

Vogelbeere

Sorbus aucuparia

AUSSEHEN | Der mittelgroße Baum oder Großstrauch mit lockerer, rundlicher oder ovaler Krone wird 5–15 m hoch. Die Blütenknospen sind dunkelviolett, während sich die hübschen Blüten im Mai/Juni in strahlendem Weiß zeigen. Ab September reifen die roten, runden, apfelartigen Früchte heran, die sich bis in den Winter hinein am Baum halten können. An ihnen laben sich Vögel und Kleintiere, für den Menschen sind sie ungekocht leicht giftig und ungenießbar.

STANDORT | Sonnig bis halbschattig mit trockenem bis frischem, humosem Boden.

GARTEN TIPP

Im Garten lässt sich die Vogelbeere (Eberesche) meist recht leicht kultivieren, da sie sehr anspruchslos und witterungsfest ist, Frost und Wind können ihr nur wenig anhaben.

Feuerdorn

Pyracantha coccinea-Hybriden

AUSSEHEN | Mittelgroßer, 1–4 m hoher, wintergrüner, sparrig verzweigter, mit kräftigen Dornen besetzter Strauch, der besonders wegen seiner dekorativen, gelben, roten oder orangefarbenen Früchte im Herbst beliebt ist. Im Frühsommer schmückt er sich mit zahlreichen weißen, 3–4 cm breiten, abgeflachten und zart duftenden Schirmtrauben, aus denen sich von August bis September die attraktiven Beeren entwickeln.

STANDORT | Sonnig bis halbschattig mit lehmigem oder steinigem Boden.

Der Feuerdorn ist ein wertvolles Vogelschutzgehölz. Überstehende Triebe im Herbst zurückschneiden. Im Winter an frostfreien Tagen gießen, bei jungen Pflanzen schützt man die Triebe mit Fichtenreisig.

Türkenmohn

Papaver orientale

AUSSEHEN | Der Türkenmohn ist eine mehrjährige, bis 100 cm hohe Staude mit einem aufrechten, im oberen Drittel nicht beblätterten Stängel. Die grau-grünen, fiederartigen Blätter sind tief eingeschnitten und borstig behaart. Die großen, rosa, orangeroten bis leuchtend roten Schalenblüten (Mai/Juni) sind leicht oder stark geknittert.

STANDORT | Warm und sonnig, mit einem tiefgründigen, durchlässigen, frischen Boden.

Roter Fingerhut

Digitalis purpurea

AUSSEHEN | Sowohl der lateinische wie auch der deutsche Name beschreibt die röhrig-glockige Blütenform. Aus der Blattrosette erhebt sich ein kräftiger, beblätterter, bis 180 cm hoher Blütenstängel. Auf der Unterseite der flaumigen, großen Blätter bilden die Blattnerven ein enges Wabennetz. Die hängenden, duftenden, rosa bis purpurfarbenen Blütenglocken (Juni bis August) bilden am Stängelende eine dichte Traube.

STANDORT | Gedeiht in fast allen Lagen, optimal an halbschattigen Plätzen mit humusreichem Boden.

GARTEN TIPP

Da das Laub des Türkenmohns nach der Blüte einzieht und er im Sommer Lücken im Beet hinterlässt, sollte man ihn nicht in den Vordergrund eines Beets, sondern in kleinen Gruppen in die Mitte setzen.

Am naturnahen Gehölzrand wirken die hellen Blüten der Pflanze besonders anziehend. Mit ihrer aufrechten Wuchsform verleiht sie dem Blumenbeet eine vertikale Struktur.

Löwenzahn

Taraxacum officinale

AUSSEHEN | Der Löwenzahn ist eine ausdauernde, krautige, bis 30 cm hohe Pflanze, die in allen Teilen einen weißen Milchsaft enthält. Auf der kurzen Sprossachse stehen unregelmäßig gezähnte Blätter in einer grundständigen Rosette. Oben am hohlen, rötlichen Stängel entwickelt sich ein Blütenstand mit vielen winzigen, gelben Zungenblüten, die zusammen als einzige gewölbt tellerförmige Blüte erscheinen (April bis Juli).

STANDORT | Am besten an Plätzen mit nährstoffreichem, gut durchlüftetem, humosem Boden.

GARTEN TIPP

Bis zu einem Meter tief reichen die kräftigen Pfahlwurzeln in den Boden hinein. Die einzelnen Pflanzen können sich gut an die jeweiligen Standortbedingungen anpassen.

Wegwarte

Cichorium intybus

AUSSEHEN | Die ausdauernde, krautige, bis 140 cm hohe Pflanze hat eine tief reichende Pfahlwurzel, die Stängel stehen sparrig-ästig. Die 8–25 cm langen Grundblätter und die unteren Stängelblätter sind unterseits borstig behaart. Die Blütenköpfchen bestehen nur aus Zungenblüten. Die Köpfchenhülle ist zweireihig, die Hüllblätter sind meist drüsenhaarig. Die Zungenblüten sind himmelblau, selten auch weiß gefärbt.

STANDORT | Sonnig, trocken, mit leicht alkalischem Boden.

Die Wegwarte muss sehr früh Sonne bekommen, da sich ihre Blüten schon bei Sonnenaufgang und nur vormittags (Juli bis August) öffnen. Sie kommt am besten als Randbepflanzung oder vor einem Zaun zur Geltung.

Wiesen-Margerite

Leucanthemum vulgare

AUSSEHEN | Die Wiesen-Margerite ist eine bis 1 m hohe, mehrjährige, spärlich behaarte oder kahle Pflanze mit einem aufrechten, einfachen oder verzweigten Stängel. Die Grundblätter sind spatelig, langgestielt, am Rand gekerbt bis fiederteilig. Die körbchenförmigen, bis 6 cm breiten Blüten stehen einzeln endständig auf dem Stängel. Die Scheibenblüten sind gelb, die Zungenblüten weiß.

STANDORT | Margeriten brauchen einen hellen, sonnigen, windgeschützten Platz und stellen keine besonderen Ansprüche an den Boden.

GARTEN TIPP

Die Wiesen-Margerite – einzeln oder in Gruppen, auf Blumenwiesen, Beeten und Rabatten gepflanzt – besticht durch ihren Wildblumencharakter und passt zu vielen anderen Stauden.

Akelei

Aquilegia vulgaris

AUSSEHEN | Die kurzlebige, mehrjährige, krautige, horstartig wachsende, 30–60 cm hohe Staude bildet kräftige Wurzelstöcke aus. In der Mitte der lockeren Blattrosette wachsen lange, reich verzweigte Stängel, an deren langen, dünnen Blütenzweigen (Mai/Juni) die glockenförmigen, nickenden, violetten, rosa, mitunter weißen oder weißblauen Blüten erscheinen.

STANDORT | Vorzugsweise im lichten Schatten von Gehölzen und Mauern mit humosem, kalkhaltigem Boden.

Im Frühjahr ist die Akelei eine der ersten höheren Stauden, die im Garten ihre Pracht zeigt. Sie sät ihre Samen von Juli bis August selbst aus. Wer dies verhindern möchte, sollte die verblühten Stängel rechtzeitig abschneiden.

Duftnessel

Agastache foeniculum

AUSSEHEN | Die Duftnessel ist eine kompakte, standfeste, 60–150 cm hohe Staude mit aromatisch duftenden, unterseits weißgrauen, behaarten Blättern und steifen, aufrechten, hellblauen Blütenkerzen (Juli–September). Die Samenstände zieren den Garten bis in den Winter.

STANDORT | Duftnesseln bevorzugen einen vollsonnigen Standort und gedeihen in jedem Boden.

Gewöhnlicher Sonnenhut

Rudbeckia

AUSSEHEN | Zur Gattung *Rudbeckia* gehören einige 80–120 cm hohe Stauden mit flachen, 6–8 cm breiten, goldgelben, strahligen Blüten (Juli–Oktober). Große, dunkelgrüne Laubblätter liefern den buschigen Unterwuchs und damit einen schönen Kontrast zu den leuchtenden Blütenköpfen.

STANDORT | Der Sonnenhut braucht einen sonnigen Platz mit nährstoffreichem, frischem und feuchtem Boden.

GARTEN TIPP

Eingewachsen vertragen Duftnesseln Trockenheit recht gut, sollten jedoch bei länger anhaltenden Trockenperioden in Abständen durchdringend gewässert werden. Staunässe, besonders im Winter, ist zu vermeiden.

Rudbeckien eignen sich gut für Rabatten, wirken aber auch in Einzelstellung attraktiv. Bei den hohen Formen empfehlen sich Stützstäbe oder Staudenringe.

Ringelblume

Calendula officinalis

AUSSEHEN | Die Ringelblume ist eine einjährige, selten mehrjährige, krautige, bis 60 cm hohe, buschige Pflanze. Die aufrechten, filzig behaarten Stängel tragen fein behaarte, wechselständige, ungeteilte Blätter. Am Ende der Triebe stehen goldgelbe bis tief orangefarbene, bis 5 cm breite Blütenkörbchen (Juni–September).

STANDORT | Die Ringelblume braucht einen sonnigen Platz mit einem mittelschweren, nicht zu sandigen oder zu feuchten Boden.

Schmuckkörbchen

Cosmos bipinnatus

AUSSEHEN | Das Schmuckkörbchen ist eine einjährige, krautige, bis zu 2 m hohe Sommerblume mit einem aufrechten, kahlen, verzweigten Stängel und filigranem, hellgrünem Laub. Die flachen Blütenkörbchen (Juli–Oktober) enthalten meist 8 rosa, violett oder weiß gefärbte Zungenblüten.

STANDORT | Sonnig mit einem leichten, durchlässigen, nicht zu nährstoffreichen Boden.

GARTEN TIPP

Die Pflanze hält im Obst- und Gemüsegarten Schädlinge fern und dient so dem natürlichen Pflanzenschutz. Ihre tief reichenden Pfahlwurzeln lockern das Erdreich auf und verbessern auf diese Weise als Gründünger die Bodenqualität.

Das üppig, lang blühende Schmuckkörbchen eignet sich vor allem für naturnahe Gärten, Bauerngärten und bunte Staudenbeete. Für eine schöne Gesamtwirkung sollte man es am besten in Gruppen von 3–5 Pflanzen setzen.

Lavendel

Lavandula angustifolia

AUSSEHEN | Lavendel ist ein 30–50 cm hoher, mehrjähriger, winterharter Halbstrauch mit dicht gedrängten Stängeln, an denen graugrüne, aromatisch duftende Blätter sitzen. Die kleinen, violett-blauen Blüten (Mai–August) bilden vielblütige Wirbel und vereinigen sich zu einem bis zu 8 cm langen, ährenartigen Blütenstand. Ältere Triebe verholzen am Grund.

STANDORT | Der Lavendel bevorzugt einen sonnigen Standort mit gut durchlässigem, kalkhaltigem Boden.

Fetthenne

Sedum

AUSSEHEN | Fetthennen-Arten wachsen in 30–50 cm hohen Horsten oder bilden 5–25 cm hohe Polster. In ihren dicken, fleischigen Blättern können sie größere Wassermengen speichern und somit auch längere Trockenperioden überstehen. Der Scharfe Mauerpfeffer (*S. acre*) ist im Frühsommer mit sternförmigen, gelben Blüten übersät. Die orangeroten Blüten der Goldfetthenne (*S. floriferum*) schieben sich erst im Hochsommer in die Höhe.

STANDORT | Sonnig, mit trockenem, frischem, durchlässigem Boden.

GARTEN TIPP

Lavendel ist eine der beliebtesten Pflanzen für den Kräutergarten und wird gerne als Rand- oder Rabattenpflanze oder auf trockene Mauern gesetzt.

Fetthennen sind äußerst robust und pflegeleicht. Sie bilden ihre Blüten ab Juni und halten sich bis Oktober. Diese extrem lange Blütezeit macht sie zum Magneten für Schmetterlinge und andere Insekten.

Wiesen-Schafgarbe

Achillea millefolium

AUSSEHEN | Die Wiesen-Schafgarbe ist eine 40–90 cm hohe, buschige, aromatisch riechende Staude. Aus dem kriechenden Wurzelstock entwickeln sich zuerst Laubblattrosetten und danach die Blütentriebe (Juni–Oktober). Die Blütenstände sind in einer rispigen Scheindolde angeordnet, die Scheibenblüten der Köpfchen sind weiß, die Zungenblüten weiß, rosa oder rot gefärbt.

STANDORT | Warm, sonnig mit durchlässigem, mäßig feuchtem, nährstoffreichem Boden.

Kugeldistel

Echinops

AUSSEHEN | Die Kugeldistel ist eine markante Pflanze. Ihre Blätter sind auf der Unterseite graufilzig, auf der Oberseite graugrün, spinnwebartig behaart. Auf verzweigten, aufrecht stehenden Stängeln sitzen die silberweißen, runden oder intensiv metallisch blauen Blütenköpfe.

STANDORT | Vollsonnig mit gut durchlässigem Boden. Sie ist tiefwurzelnd, daher sind flachgründige Böden ungeeignet.

GARTEN TIPP

Die heimische Wildstaude ist als pflegeleichter Gartenbewohner bekannt. Die mittelhohen und hohen Sorten eignen sich ideal für naturnahe Pflanzungen. Bei rechtzeitigem Rückschnitt treiben viele Arten und Sorten wieder gut aus.

Wegen der stacheligen Blätter empfehlen sich zur Entfernung des welken Laubs Gartenhandschuhe. Die Kugeldistel verträgt Trockenheit, gedeiht jedoch besser, wenn sie bei anhaltenden Trockenperioden gelegentlich kräftig gegossen wird.

Sonnenblume

Helianthus

AUSSEHEN | Sonnenblumen sind langlebige, hochwüchsige, ausdauernde Stauden. Es gibt sie von zierlich klein bis zu einer Größe von mehreren Metern. Allen gemeinsam ist der gelbe Blütenflor mit den leicht aufrecht stehenden Zungenblüten (Juli–Oktober). *Helianthus* x *kellermannii* (Bild) ist eine Solitärsonnenblume, die jedes Jahr sicher blüht. Die Blüten erscheinen einzeln hintereinander am Stängel. Kennzeichnend sind auch die dünnen, langen Blätter.

STANDORT | Warm, sonnig mit nährstoffreichem, durchlässigem Boden.

GARTEN TIPP

Die Blüten wirken anziehend auf viele Insekten, nach der Blüte nutzen Vögel die Samenstände. Gelegentliche Trockenheit wird gut vertragen, Staunässe jedoch nicht.

Wilde Karde

Dipsacus fullonum

AUSSEHEN | Die Staude bildet im ersten Jahr eine Blattrosette, aus der im darauffolgenden Jahr der stachelige Stängel, der die aufrechten Blütenstände hält, emporsteigt. Ab Juli ragen aus den bis zu 8 cm langen, eiförmigen Blütenständen zahlreiche kleine, hell-rosa, von stacheligen Hüllblättern umgebenen Einzelblüten hervor. Die Blütenstände sind bis weit in den Winter hinein eine Zierde, vor allem, wenn sie von Tautropfen oder Raureif bedeckt sind.

STANDORT | Sonnig bis halbschattig, mit normalem bis feuchtem Boden.

Die Wilde Karde besitzt einen großen Wert für Tiere, zur Blütezeit dient sie Hummeln und Schwebfliegen als Nahrungsquelle, die Samen werden gerne von Distelfink und Dompfaff gefressen.

Malve

Malva

AUSSEHEN | Die Moschus-Malve (*M. moschata*) ist eine buschig verzweigte, bis 150 cm hohe heimische Art mit angenehm duftenden, hellrosa Blüten (Mai–September) und schmückt Böschungen und Naturgärten gleichermaßen. Sie entwickelt sich in den Blattachseln entweder einzeln oder in kleinen Büscheln. Die Mauretanische Malve (*M. sylvestris mauritiana*) trägt purpurviolette, dunkel gezeichnete Blüten und passt mit ihrem natürlichen Charme sehr gut in den Naturgarten.

STANDORT | Sonnig bis halbschattig mit nährstoffreichem, gut durchlässigem Boden.

GARTEN TIPP

Malven gelten als anspruchslos. Da ihre Stängel recht zart sind, sollte man ihnen eine Stützhilfe geben, damit sie bei starkem Wind nicht abknicken.

Kornblume

Centaurea cyanus

AUSSEHEN | Die ein- bis zweijährige Pflanze hat einen bis 80 cm hohen, kantigen, weißfilzig behaarten, im oberen Teil verzweigten Stängel. Die Blätter sind meist schmallanzettlich, die unteren gestielt, gelegentlich fiederteilig, die oberen sitzend, ungeteilt. Die Blütenkörbchen (Juni–Oktober) stehen einzeln an den Zweigenden. Die Hüllblätter sind grün, die Kronen leuchtend blau.

STANDORT | Sonnig, windgeschützt mit einem nährstoffreichen, humosen Boden.

Die anmutige Pflanze besticht vor allem durch ihren naturnahen Charakter und passt gut zu einjährigen Wildpflanzen wie Türkenmohn. In Gruppen gepflanzt wirkt sie am schönsten.

Gartenvögel im Porträt

Die im folgenden Kapitel vorgestellten Vogelarten sind eingeteilt in: *Jahresvögel,* die man bei uns das ganze Jahr im Brutgebiet beobachten kann, *Teilzieher,* die entweder im Herbst in ein Winterquartier ziehen oder auch im Brutgebiet bleiben und *Sommervögel,* die nur im Frühjahr oder Sommer im Garten anzutreffen sind.

Kohlmeise *Parus major*

KENNZEICHEN | Kräftig gebaut (14 cm). Kopf schwarz-weiß, Unterseite gelb, Männchen mit breitem, schwarzem Längsband auf Brust und Bauch, beim Weibchen schmaler und blasser. Ruft: „si-dui", „pink-pink". Gesang fällt äußerst verschieden aus, klingt häufig „zizibe-zizibe".

BRUT | 1–3 Bruten (März–Juli). Brütet in Baumhöhlen, Nistkästen, Mauerlöchern und Rohren (8–12 Tage). Nest aus Moos, Halmen, Wurzeln und Wolle. 8–12 weiße, rotbraun gesprenkelte Eier, Nestlingsdauer 18–20 Tage.

NAHRUNG | Obst, Sämereien, Insekten, Würmer, Spinnen.

BEOBACHTUNGS TIPP

Kohlmeisen sind wenig scheu und die häufigsten Gäste am winterlichen Futterplatz, von dem sie andere Kleinvögel energisch vertreiben. In den Garten lockt man sie am besten mit Nistkästen (Flugloch 32 mm).

Blaumeise *Parus caeruleus*

KENNZEICHEN | Kleiner als Kohlmeise (11,5 cm). Schwanz, Flügel und Oberkopf blau, Unterseite gelb. Meist mit dunklem Längsband in der Bauchmitte. Ruft häufig „tsi-tsi-tsi", bei Beunruhigung „zerretetet", trillernder, heller, klarer Gesang „tsi-tsi-sirrr".

BRUT | 1–2 Bruten (April–Juli). Brütet in Baumhöhlen, Mauerlöchern, Nistkästen und Rohren, sogar in Briefkästen (13–15 Tage). Nest aus Moos, Wolle, Haaren und Federn. 7–10 weiße, rot getupfte Eier, Nestlingsdauer 16–18 Tage.

NAHRUNG | Insekten und deren Larven, Spinnen, Samen, Nüsse.

BEOBACHTUNGS TIPP

Turnt sehr geschickt und häufig kopfüber bei der Nahrungssuche an dünnen Ästen und Zweigen. Regelmäßiger Gast an Futterstellen im Winter. Lässt sich mühelos mit Nistkästen in den Garten locken.

Schwanzmeise *Aegithalos caudatus*

KENNZEICHEN | Kleiner als Kohlmeise (11,5 cm). Kleiner, schwarz-, weiß- und rosafarbener Körper mit überlangem, stufigem Schwanz (12–14 cm). Mitteleuropäische Form mit breitem, dunklem Scheitelstreif über dem Auge bis zum Nacken, winziger Schnabel. Ruft hell und dünn „tsisisi" und surrend „tserrr", Gesang unauffällig, leise zirpend, selten.

BRUT | 1–2 Bruten (März–Juli). Brütet in Sträuchern (13–14 Tage). Kunstvolles Kugelnest mit seitlichem Schlupfloch aus Moos, Flechten, Gespinsten, Pflanzen- und Tierwolle. 8–12 weißliche Eier. Nestlingsdauer 18–19 Tage.

NAHRUNG | Kleine Insekten und deren Larven, Spinnen.

BEOBACHTUNGS TIPP

Sehr gesellig, besonders im Winter meist in Trupps. Lässt sich mit nicht zu tief hängenden Nistkästen (Flugloch 28 mm) in Gärten am Waldrand locken.

Haubenmeise *Parus christatus*

KENNZEICHEN | 11 cm, oberseits fahl graubraun, unterseits weißlich, Kopf schwarzweiß gezeichnet, typisch ist die spitze Federhaube. Ruft häufig schnurrend „zi-zigürr", Gesang selten, eine Folge aus rufähnlichen, klirrenden und gurrenden Lauten.

BRUT | 1–2 Bruten (April–Juni). Brütet auch gerne in Gärten mit Kiefern- und Fichtenbestand (14–16 Tage). Nest aus Tier- und Pflanzenwolle, meist in selbst gezimmerter, enger Baumhöhle und Nistkästen. 5–8 rötlich gefleckte Eier. Nestlingsdauer 18–20 Tage.

NAHRUNG | Insekten, Spinnen, Nadelbaumsamen, Nüsse.

BEOBACHTUNGS TIPP

Versteckte Lebensweise, turnt hoch in den Nadelbäumen. Wird oft erst durch ihre charakteristischen Rufe entdeckt. Im Winter häufig paarweise an Futterstellen.

Zaunkönig *Troglodytes troglodytes*

KENNZEICHEN | Einer der kleinsten Vögel Europas (9,5 cm). Kugelige Gestalt, braunes, leicht gebändertes Gefieder, heller Streif über dem Auge, gebogener Schnabel; der kurze Schwanz meist steil aufgerichtet. Ruft häufig hart „teck, teck" oder schnurrend „zerr", Gesang laut schmetternd und trillernd in Strophen.

BRUT | 2 Bruten (April–Juli). Brütet in Sträuchern, Jungfichten, Wurzeln umgestürzter Bäume, Baumhöhlen und Mauerlöchern (14–16 Tage). Kugeliges Nest aus Moos. 5–7 weißliche, zart rot gesprenkelte Eier. Nestlingsdauer 15–18 Tage.

NAHRUNG | Kleine Insekten, Larven, feine Sämereien, Spinnen, Würmer.

BEOBACHTUNGS TIPP

Huscht lautlos wie eine Maus im Unterholz umher, sucht meist am Boden nach Nahrung. Hält sich gern in Wassernähe auf.

Kleiber *Sitta europaea*

KENNZEICHEN | 14 cm, gedrungener, kräftiger Körper, kurzer Schwanz, starker Schnabel. Blaugraue Oberseite, hell-rostbraune Unterseite. Ruft schallend „twit twit twi" oder „tsirrr". Gesang laut und durchdringend, Strophen lassen sich ganz einfach nachsingen.

BRUT | 1 Brut. Brütet in Gärten mit alten Bäumen, in Spechthöhlen und Nistkästen (13–16 Tage). Legt diese mit Rindenstücken und trockenem Laub aus, verengt das Flugloch mit feuchtem Lehm. 6–9 weiße, rotbraun gefleckte Eier. Nestlingsdauer 23–25 Tage.

NAHRUNG | Insekten, Spinnen, Nüsse, Samen, Talg.

BEOBACHTUNGS TIPP

Klettert als einziger, einheimischer Vogel mit dem Kopf nach unten an Baumstämmen und Ästen. Bearbeitet mit seinem starken Schnabel lautstark gefundene Nüsse. Am winterlichen Futterplatz verdrängt er die meisten anderen Kleinvögel.

Grünfink, Grünling *Carduelis chloris*

KENNZEICHEN | 15 cm, stämmiger Körperbau, gelbe Abzeichen an Schwanz und Flügeln, kräftiger Kegelschnabel; Männchen gelbgrün, Weibchen schlichter, im Winter beide unauffällig gefärbt. Ruft „gügügü", bei Gefahr „dschwuid" oder „tsrr".

BRUT | 2 Bruten (April–August). Brütet in Jungbäumen, Büschen oder Kletterpflanzen an der Hauswand (13–14 Tage). Nest aus Wurzeln, Halmen, Zweigen und Moos. 4–6 weißliche Eier mit dunklen Flecken. Nestlingsdauer 13–15 Tage.

NAHRUNG | Insekten, Knospen, Blüten, Beeren und verschiedene Sämereien.

BEOBACHTUNGS TIPP

Vielfach die häufigsten Gäste an Futterstellen. Sehr streitsüchtig; drohen anderen Vögeln mit erhobenen, leicht geöffneten Flügeln, gefächertem Schwanz und geöffnetem Schnabel. Die gelbe Flügel- und Schwanzzeichnung soll die Drohwirkung verstärken.

Amsel *Turdus merula*

KENNZEICHEN | 25 cm, Männchen mit einheitlich schwarzem Gefieder, kräftig gelbem Schnabel und Lidring; Weibchen überwiegend dunkelbraun, Brust und Kehle etwas heller, unterseits schwach gesprenkelt. Ruft zeterndes „tix", hohes „siih", lärmendes „tschink" und ängstliches „tschuk".

BRUT | 2–3 Bruten (März–September). Brütet in Bäumen und Sträuchern. Nest aus Halmen, Moos, Wurzeln und Abfällen, innen mit feuchter Erde ausgestrichen (13–14 Tage). 3–5 blaugrüne, bräunlich gesprenkelte Eier. Nestlingsdauer 13–15 Tage.

NAHRUNG | Regenwürmer, Schnecken, Insekten, Spinnen, Beeren, Obst.

BEOBACHTUNGS TIPP

Singt bereits in der Morgendämmerung auf Baumspitzen und Dächern. Häufiger Besucher an Futterstellen, gut zu beobachten bei der Nahrungssuche am Boden. Im Frühjahr oft erbitterte Kämpfe um das Revier.

Gartenbaumläufer *Certhia brachydactyla*

KENNZEICHEN | 12,5 cm, Gefieder oberseits rindenfarben, unterseits hell mit bräunlichen Flanken, langer, dünner, gebogener Schnabel, Stützschwanz. Ruft hoch und laut „tüt tüt tüt" oder „sri", Gesangsstrophen ansteigend aus hohen Pfeiftönen.

BRUT | 1–2 Bruten (April–Juni). Brütet hinter abstehender Baumrinde oder in Nistkästen (15–16 Tage). Nest aus Zweigen, Moos und Rindenstücken, mit Halmen verstärkt. 4–7 rot und braun gefleckte Eier. Nestlingsdauer 17–18 Tage.

NAHRUNG | Insekten, deren Larven, Spinnen, kleine Samen.

BEOBACHTUNGS TIPP

Lässt sich mit speziellen Nistkästen in den Garten locken. Huscht wie eine Maus an Baumstämmen hoch. Sucht im Winter oft gemeinsame Schlafplätze an Baumstämmen auf. In Baumhöhlen, Holzstößen oder unter Dachvorsprüngen versammeln sich manchmal über ein Dutzend Vögel.

Buntspecht *Dendrocopus major*

KENNZEICHEN | 23 cm, schwarz-weiß-rotes Gefieder mit auffallenden weißen Schulterflecken und intensiv rotem Unterschwanz, Männchen mit roter Kopfplatte. Ruft oft metallisch „kick“, bei Beunruhigung schneller, trommelt häufig.

BRUT | 1 Brut (April–Juni). Brütet in jedes Jahr neu gezimmerten Baumhöhlen mit kreisrundem Flugloch (10–12 Tage). 5–7 weiße Eier. Nestlingsdauer 21–23 Tage.

NAHRUNG | Insekten und deren Larven, im Winter vor allem Baumsamen, Nüsse.

BEOBACHTUNGS TIPP

Das typische Trommeln hat für Spechte eine revieranzeigende Funktion und ist ein wichtiges Merkmal. In Baumspalten eingeklemmte Früchte geben ebenfalls Hinweise auf seine Anwesenheit. Gelegentlich lässt er sich bei der Ernte von Zapfen beobachten.

Grünspecht *Picus viridis*

KENNZEICHEN | 35 cm, Oberseite grün, leuchtend roter Scheitel, Unterseite grünlich-grau; Männchen mit rotem, schwarz umrandeten Bartstreif, Weibchen mit schwarzem Bartstreif. Ruft im Flug „kü-kü-kjück“, Reviergesang ein lachendes „klü-klü-klü“.

BRUT | 1 Brut (April–Juni). Brütet in selbst gezimmerten oder übernommenen Bruthöhlen in morschen Stämmen von Laubbäumen (14–16 Tage). 5–7 weiße Eier. Nestlingsdauer 23–27 Tage.

NAHRUNG | Ameisen und deren Puppen, andere Insekten, Würmer, Obst.

BEOBACHTUNGS TIPP

Häufig am Boden auf der Suche nach Ameisen unterwegs. Rasenflächen werden systematisch untersucht, Moosflächen abgehoben. Im Winter graben sich Grünspechte sogar durch die Schneedecke durch, wobei charakteristische Löcher entstehen.

Haussperling, Spatz *Passer domesticus*

KENNZEICHEN | 15 cm, Männchen mit grauem Scheitel, schwarzem Latz und heller Unterseite, Weibchen graubraun mit feiner Musterung ohne Scheitel. Ruft häufig „tschedtsched", Gesang rhythmisch schilpend.

BRUT | 2–3 Bruten (April–August). Brütet bevorzugt in der Nähe von Häusern unter Dachziegeln, in Mauerlöchern, zwischen Kletterpflanzen (13–14 Tage). Schlampiges Nest aus Halmen, Stängeln, Federn, Papier und Lumpenstücken. 4–6 weißliche, grau oder braun gefleckte Eier. Nestlingsdauer 13–14 Tage.

NAHRUNG | Samen, Insekten, deren Larven, Früchte, Beeren und Abfälle.

BEOBACHTUNGS TIPP

Badet häufig in Teichen und Pfützen, aber auch in Staub oder Sand, befreit sich dabei von Parasiten. In Nistkästen mit mehreren Kammern und Einfluglöchern können Haussperlinge kleine Kolonien gründen.

Feldsperling *Passer montanus*

KENNZEICHEN | 14 cm, typisch sind der braune Oberkopf, der schwarze Wangenfleck und das weiße Nackenband. Ruft häufig „tschick-tschick" oder „zwit-tek-tek", Gesang wie Haussperling, aber härter.

BRUT | 2–3 Bruten (April–August). Brütet in Baumhöhlen, Mauerlöchern oder Nistkästen (13–14 Tage). Kugeliges Nest aus Halmen, Stängeln und Federn. 4–6 weißliche Eier mit dunkler Musterung. Nestlingsdauer 14–16 Tage.

NAHRUNG | Samen von Gräsern und Kräutern, Insekten, Getreidekörner.

BEOBACHTUNGS TIPP

Lebt in offenen Landschaften mit Hecken, Feldgehölzen und Streuobstwiesen, meidet Städte. Besucht Futterstellen an Dorfrändern. Dem Menschen gegenüber scheuer als der Haussperling, lässt sich aber mit Nistkästen in den Garten locken.

Kernbeißer *Coccothraustes coccothraustes*

KENNZEICHEN | 18 cm, gedrungener Körper, kurzer Schwanz, wuchtiger, zur Brutzeit blaugrauer Schnabel, Männchen mit orangebraunen, weißen, schwarzen und grauen Fiederpartien. Ruft kurz und scharf „zick" oder durchdringend „zieh", Gesang eine Folge von nasalen Tönen, selten zu hören.

BRUT | 1–2 Bruten (April–Juni). Brütet hoch in Laubbäumen und Sträuchern (13–14 Tage). Großes Nest aus Zweigen, Halmen und kleinen Wurzeln. 4–6 graue, dunkel gefleckte Eier. Nestlingsdauer 11–14 Tage.

NAHRUNG | Samen von Laubbäumen, Knospen, frische Triebe. Bricht mit seinem mächtigen Schnabel selbst Kirsch- und Pflaumenkerne auf.

BEOBACHTUNGS TIPP

Streift in kleinen Trupps umher, hält sich im Sommer meist in Baumkronen auf. Sucht im Winter gerne Futterplätze auf und setzt sich dort gegenüber anderen Vögeln oft auch aggressiv durch.

Eichelhäher *Garrulus glandarius*

KENNZEICHEN | 34 cm, mit seinem rötlich-braunen Gefieder, den auffällig hellblau-schwarz gebänderten Flügelabzeichen und dem weißen Bürzel unverwechselbar. Ruft rau rätschend „rhäh-rhä" oder „rhätsch", warnt damit auch andere Vögel und Tiere vor Gefahr, Gesang mit leisen, schnalzenden Geräuschen.

BRUT | 1 Brut (April–Juni). Brütet versteckt in Büschen und Bäumen (16–17 Tage). Kleines Reisignest, mit Gräsern und Flechten gepolstert. 4–6 blau-grüne oder oliv-braune Eier. Nestlingsdauer 19–20 Tage.

NAHRUNG | Eicheln, Bucheckern, Haselnüsse, Insekten, Jungvögel.

BEOBACHTUNGS TIPP

Fällt durch den weißen Bürzel und die leuchtenden Flügeldecken bereits von Weitem im Flug auf. Versteckt bei Nahrungsüberschuss das ganze Jahr über große Mengen von Baumfrüchten.

Elster *Pica pica*

KENNZEICHEN | 45 cm, mit sehr langem, stufigem Schwanz und auffällig schwarz-weißem, metallisch glänzendem Gefieder. Ruft hart „tscharr-ackackack", Gesang verhalten, vermischt mit nasalen Lauten.

BRUT | 1 Brut (April–Mai). Brütet in Baumkronen und hohen Büschen (17–18 Tage). Großes, überdachtes Reisignest, Nestboden aus Wurzeln und Erde. 5–8 grünliche, braun gefleckte Eier. Nestlingsdauer 22–24 Tage.

NAHRUNG | Allesfresser, vor allem Schnecken, Würmer, Insekten, Eier, Jungvögel, Aas und Abfälle.

BEOBACHTUNGS TIPP

Flug wirkt wegen der unregelmäßigen Flügelschläge etwas zögerlich, typisch wackelnder Gang. Wird zur Brutzeit von anderen Vögeln zur Verteidigung der eigenen Brut heftig beschimpft. Besucht im Winter, wenn sie sich ungestört fühlt, Futterplätze.

Rabenkrähe *Corvus corone*

KENNZEICHEN | 47 cm, Gefieder einheitlich schwarz, mit schwachem Glanz, Schnabel schwarz mit Federborsten am Grund. Ruft häufig „wärr" oder „kräh", Gesang leises Geplauder mit Imitationen anderer Vogelstimmen, selten zu hören.

BRUT | 1 Brut (März–Juni). Brütet hoch in Bäumen oder Büschen (17–19 Tage). Solides Nest aus Zweigen, mit feuchter Erde verfestigt, innen mit Haaren und Wolle ausgepolstert. 4–6 grünbraune, dunkel gefleckte Eier. Nestlingsdauer 31–33 Tage.

NAHRUNG | Insekten, Würmer, Schnecken, Mäuse, Frösche, Eier und Jungvögel, Samen, Früchte, Aas.

BEOBACHTUNGS TIPP

Sehr gesellig, streift in größeren Trupps in der offenen Kulturlandschaft umher, vermehrt auch in Gärten. Scheu und immer misstrauisch.

Buchfink *Fringilla coelebs*

KENNZEICHEN | 15,5 cm, leuchtend weiße Flügel, Männchen im Frühjahr auffallend bunt mit glänzend graublauem Schnabel, Nacken und Schnabel mit olivgrünem Bürzel. Weibchen bis auf die weißen Flügelbinden unscheinbar (die meisten Weibchen ziehen im Herbst fort). Ruft laut „pink", „wrüt", Gesang eine abfallende Schmetterstrophe.

BRUT | 2 Bruten (April–Juli). Brütet in Bäumen und Sträuchern (13–14 Tage). Napfförmiges Nest aus Gras, Wurzeln und Rindenfasern. 3–6 zart hellblaue Eier mit rosa und bräunlichen Flecken. Nestlingsdauer 12–14 Tage.

NAHRUNG | Samen, Insekten, Spinnen, Früchte, Beeren.

BEOBACHTUNGS TIPP

Läuft am Boden trippelnd und mit ruckartigen Kopfbewegungen. Männchen sind recht scheu und lassen sich am winterlichen Futterplatz leicht durch Drohgebärden anderer Vögel verjagen.

Stieglitz, Distelfink *Carduelis carduelis*

KENNZEICHEN | 12,5 cm, auffällige und unverwechselbare Gefiederfärbung mit schwarz-weiß-rotem Kopf, großem, gelbem Flügelfeld und braunem Rücken. Ruft hell und klingelnd „stigelitt“ (Name) und „didlitt“, leiser, zwitschernder Gesang.

BRUT | 2 Bruten (Mai–August). Brütet auf den äußersten Zweigen in Kronen von Obstbäumen (12–14 Tage). Dickwandiges Nest aus Moos, Gras, Pflanzenhaaren. 4–6 bläuliche Eier mit dunklen Flecken. Nestlingsdauer 14–15 Tage.

NAHRUNG | Samen von Stauden, Knospen, Insekten.

BEOBACHTUNGS TIPP

Nach der Brutzeit Bildung von Scharen, häufig an Wegrändern, an denen er mit dem spitzen Schnabel geschickt bevorzugt Samen von Disteln pickt (Name). Lässt man verblühte Stauden stehen, finden sich die Stieglitze auch im Garten ein.

Erlenzeisig *Carduelis spinus*

KENNZEICHEN | 12 cm, schlanker, spitzer Schnabel, grünlich-gelbes Gefieder, Männchen mit schwarzer Kopfkappe und schwarzem Kinnfleck, Weibchen graugrün, ohne Schwarz am Kopf. Ruft „tetetet“, Gesang eine eilige Zwischenstrophe mit gedehntem „diäh“.

BRUT | 2 Bruten (April–Juli). Brütet hoch in Nadelbäumen (12–14 Tage). Kleines, kunstvolles Nest aus Halmen, Federn, Moos und Pflanzenwolle. 3–5 grünliche oder bläuliche, rötlich gesprenkelte Eier. Nestlingsdauer 14–16 Tage.

NAHRUNG | Samen von Bäumen und krautigen Pflanzen, kleine Insekten.

BEOBACHTUNGS TIPP

Ist darauf spezialisiert, mit dem spitzen Schnabel Samen aus Erlenzapfen herauszupicken (Name). Hängt dabei oft kopfüber an den Zapfen. Im Winter häufig an Futterplätzen, turnt gerne an Meisenknödeln herum.

Gimpel, Dompfaff *Pyrrhula pyrrhula*

KENNZEICHEN | 16 cm, gedrungener Körperbau, schwarze Kopfkappe, schwarzer Schnabel, schwarzer Schwanz mit weißem Bürzel; Männchen mit leuchtend rosenroter, Weibchen mit bräunlich-grauer Unterseite. Ruft weich und melodisch „djü" oder „wüp". Gesang leise und unauffällig.

BRUT | 2 Bruten (April–August). Brütet in dichten Büschen und Nadelbäumen, meist in jungen Fichten (12–14 Tage). Lockeres Nest aus Zweigen, Wurzeln, Moos. 4–6 hellblaue Eier mit violetter Musterung. Nestlingsdauer 14–17 Tage.

NAHRUNG | Samen von Bäumen und Kräutern, Knospen, Beeren, Insekten, Nüsse, Getreide.

BEOBACHTUNGS TIPP

Zur Brutzeit sehr versteckt, fällt am Futterplatz vor allem wegen des kontrastreichen Gefieders auf, erscheint dort meist paarweise; wenig zänkisch.

Goldammer *Emberiza citrinella*

KENNZEICHEN | 16,5 cm, rotbrauner Bürzel, im Flug sieht man die weißen Schwanzkanten, Männchen mit auffälliger Gelbfärbung von Kopf und Unterseite, braun gestreifter Rücken. Ruft „trik" oder „tzü", Gesang eine einfache, etwas melancholisch klingende Strophe.

BRUT | 2 Bruten (April–Juli). Brütet niedrig in bodennahem Gebüsch zwischen hochwachsenden Gräsern (12–14 Tage). Nest aus Halmen, Stängeln, Moos und Blättern. 3–5 weißliche Eier mit unregelmäßiger, grauer und dunkelroter Kritzelung. Nestlingsdauer 11–14 Tage.

NAHRUNG | Samen, Knospen, Insekten, Spinnen, Getreide.

BEOBACHTUNGS TIPP

Bereits Ende Februar sind an milden Wintertagen ihre ersten Gesangstrophen zu hören, an heißen Sommertagen ist sie oft der einzige Singvogel, der unermüdlich singt.

Hausrotschwanz *Phoenicurus ochruros*

KENNZEICHEN | 14 cm, rostroter Schwanz, Männchen rußschwarz mit hellen Flügeln, Weibchen dunkel graubraun. Ruft bei Gefahr hart „hied-teck-teck", in Nestnähe aneinander gereiht „teckteckteck", Gesang dünn und kratzig, am Ende mit Pfeiftönen.

BRUT | 2 Bruten (April–Juli). Brütet oft unter Dächern, in künstlichen Halbhöhlen oder Mauerlöchern (13–14 Tage). Nest aus Halmen, Moos, Federn und Haaren. 4–6 weiße Eier. Nestlingsdauer 13–17 Tage.

NAHRUNG | Insekten, Spinnen, Beeren.

BEOBACHTUNGS TIPP

Knickst oft und zittert ständig mit dem Schwanz. Sucht Nahrung überwiegend am Boden. Singt oft schon vor der Morgendämmerung auf Dächern, Antennen oder hohen Kaminen. Nimmt auch Nistkästen an.

Dohle *Corvus monedula*

KENNZEICHEN | 33 cm, schwarzes Gefieder mit grauem Nacken und Hinterkopf, auffällig helle Augen. Ruft kurz und durchdringend „kaja", „kjak" oder schnarrend „kjärr", bei Gefahr hoch „jüp", schwätzender Gesang mit schnarrenden und knackenden Geräuschen.

BRUT | 1 Brut (April–Juni). Brütet in Baumhöhlen, Mauernischen, Felsspalten und Nistkästen (17–18 Tage). Reisignest mit weichen Pflanzenteilen und Tierwolle gepolstert. 4–7 grünblaue, dunkel gefleckte Eier. Nestlingsdauer 28–32 Tage.

NAHRUNG | Obst, Getreide, Würmer, Schnecken, Insekten, Jungvogel, Mause und Abfall.

BEOBACHTUNGS TIPP

Gesellig, meist Koloniebrüter. Nahrungssuche am Boden. Zeigt am Abend in Trupps in Schlafplatznähe oft akrobatische Flüge. Schließt sich im Winter häufig Saatkrähenschwärmen an.

Heckenbraunelle *Prunella modularis*

KENNZEICHEN | 14 cm, braun gemusterter Rücken, Kopf, Brust und Nacken blaugrau, schlanker Schnabel. Ruft hoch und etwas heiser „dididi" oder „zieh", Gesang zwitschernd, leicht an- und absteigend.

BRUT | 2 Bruten (April–Juni). Brütet in dichtem Gestrüpp oder jungen Fichten (12–14 Tage). Solide gebautes Nest aus Moos. 4–6 blaugrüne Eier. Nestlingsdauer 13–14 Tage.

NAHRUNG | Würmer, Insekten, Spinnen, im Winter vorwiegend Sämereien.

BEOBACHTUNGS TIPP

Lebt sehr versteckt im Schutz von Sträuchern (Name!), huscht sonderbar geduckt von Deckung zu Deckung, ist eher zu hören als zu sehen. Dreht bei der Suche nach Insekten und Spinnen das Laub um. Kommt im Winter manchmal an Futterplätze.

Ringeltaube *Columba palumbus*

KENNZEICHEN | 41 cm, größte Taube in Parks und Gärten, oberseits blaugraues Gefieder mit auffallenden, weißen Abzeichen an Hals und Flügeln, Unterseite und Brust blaugrau bis rosa, langer Schwanz. Gesang ein dumpfes Gurren „gu-guuh-gu-guuh".

BRUT | 2–4 Bruten (März–September). Brütet hoch in Bäumen und Sträuchern, aber manchmal auch an Gebäuden z.B. auf Fensterbrettern, Balkonen, in Blumenkästen (16–17 Tage). Flaches, unordentliches Reisignest. 2 weiße Eier. Nestlingsdauer 28–31 Tage.

NAHRUNG | Bucheckern, Eicheln, Samen, Getreide, Beeren, Kleintiere.

BEOBACHTUNGS TIPP

Startet und landet mit einem lauten, klatschenden Flügelgeräusch, das mögliche Feinde abschrecken soll. Fliegt zur Nahrungssuche auch auf die Felder am Stadtrand.

Star *Sturnus vulgaris*

KENNZEICHEN | 21 cm, schwarzes Gefieder mit violettem und grünem, metallischem Glanz, im Herbst und Winter mit hellen Tupfen übersät, Schnabel im Sommer hell, im Winter dunkel. Ruft durchdringend „schrien“, bei Gefahr hart „spett-spett“ oder „rräh“, abwechslungsreicher Gesang mit Imitationen anderer Vogelstimmen und verschiedenster Geräusche wie z.B Hundegebell oder Alarmanlagen.

BRUT | 1–2 Bruten (April–Juli). Brütet in Baumhöhlen oder Nistkästen (12–14 Tage). Lockeres Nest aus Halmen, Stängeln und Blättern, mit Moos und Federn gepolstert. 4–7 grünliche bis hellblaue Eier. Nestlingsdauer 18–22 Tage.

NAHRUNG | Insekten, Würmer, Schnecken, Obst.

BEOBACHTUNGS TIPP

Lässt sich leicht mit Nistkästen (Flugloch 5 cm) in den Garten locken. An seinem wackelnden, trippelnden Gang am Boden unverkennbar. Beeindruckende Schwarmflüge im Herbst.

Rotkehlchen *Erithacus rubecula*

KENNZEICHEN | 14 cm, Oberseite olivbraun, grau umrahmt, Kehle und Brust orangefarben, große, schwarze Augen. Ruft scharf „zick", bei Gefahr schnell „zickikick", Gesang stimmungsvoll und feierlich, lange Strophen mit hellen Tönen und Trillern.

BRUT | 2 Bruten (April–Juli). Brütet in bodennahen Verstecken, zwischen Baumwurzeln oder in niedrigen Baumhöhlen (13–15 Tage). Napfförmiges Nest aus Blättern, Moos und Halmen. 5–7 weißliche, rotbraun gefleckte Eier. Nestlingsdauer 12–15 Tage.

NAHRUNG | Insekten und deren Larven, Spinnen, Würmer, im Herbst verschiedene Beeren.

BEOBACHTUNGS TIPP

Hält sich viel am Boden auf. Wenig scheu vor dem Menschen, kommt beim Umgraben im Garten auf wenige Meter heran, um die zutage geförderten Würmer und Insekten zu fressen.

Grauschnäpper *Muscicapa striata*

KENNZEICHEN | 14 cm, Gefieder oberseits graubraun, unterseits fast weiß, Scheitel und Brust fein gestrichelt, gerader, dicker, spitzer Schnabel. Ruft häufig „pst", „zek" oder „zi-tek-tek", unauffälliger Gesang aus zirpenden Lauten.

BRUT | 1–2 Bruten (Mai–Juli). Brütet in Halbhöhlen an Bäumen oder Mauern, in Balkonkästen und bewachsenen Hauswänden (12–15 Tage). Lockeres Nest aus Moos, Rindenstücken, Haaren, mit Federn ausgepolstert. 5–7 weißliche, rotbraun gesprenkelte Eier. Nestlingsdauer 12–14 Tage.

NAHRUNG | Fast ausschließlich fliegende Insekten.

BEOBACHTUNGS TIPP

Lauert von erhöhter Warte auf fliegende Insekten, steht kurz in der Luft, packt die Beute mit dem Schnabel und fliegt zu seinem Ansitz zurück.

Zilpzalp *Phylloscopus collybita*

KENNZEICHEN | 11 cm, kurze Flügel, braungrüne Oberseite, gelbliche Unterseite, Beine meist dunkelbraun, heller Überaugenstreif, feiner Insektenschnabel. Ruft bei Erregung einsilbig „huit“, unverwechselbarer Gesang aus einer Aneinanderreihung der Rufe „zilp-zalp-zelp“.

BRUT | 1–2 Bruten (April– Juli). Brütet in dichter Vegetation in Bodennähe (13–15 Tage). Nest aus trockenen Blättern und Halmen. 5–6 gelblich bis bräunlich gesprenkelte Eier. Nestlingsdauer (13–14 Tage).

NAHRUNG | Spinnen, Blattläuse, kleine Insekten, im Herbst auch Beeren.

BEOBACHTUNGS TIPP

Gehört zu den ersten Frühjahrsboten unter den Vögeln. Lebhaft und in ständiger Bewegung. Singt oft in Weiden, sucht die Kätzchen nach Insekten ab und wird deshalb auch Weidenlaubsänger genannt. Überwintert selten auch bei uns.

Singdrossel *Turdus philomelos*

KENNZEICHEN | 23 cm, Oberseite braun, Unterseite weißlich mit dichten, dunklen Flecken. Ruft hoch „zipp", zetert bei Gefahr durchdringend „dick-dick-dick", Gesang aus vielen verschiedenen, sich wiederholenden Strophen.

BRUT | 2 Bruten (März–Juli). Brütet halbhoch in Sträuchern und Bäumen oder an Gebäuden (12–14 Tage). Großes, stabiles Nest aus Moos und Zweigen, mit Erde verfestigt. 4–6 hellblaue, schwarz gepunktete Eier. Nestlingsdauer 14–16 Tage.

NAHRUNG | Bevorzugt Schnecken, Würmer, Insekten, Obst, Samen.

BEOBACHTUNGS TIPP

Zertrümmert das Gehäuse von Schnecken an einem Stein, Baumstumpf oder Brett, um an den weichen Körper zu gelangen („Drosselschmiede"). Singt vor allem in den Morgen- und Abendstunden.

Mönchsgrasmücke *Sylvia atricapilla*

KENNZEICHEN | 14 cm, Männchen grau mit schwarzer Kopfplatte, Unterseite grauweiß, Weibchen mehr braun, mit rostbrauner Kopfplatte. Ruft bei Gefahr hart „täck-täck-täck", Gesang abwechslungsreich mit klaren Flötentönen.

BRUT | 2 Bruten (April–Juli). Brütet in niedrigem Gebüsch und jungen Bäumen (meist unter 1,5 m Höhe; 10–16 Tage). Lockeres, flaches, meist mit der Trägerpflanze verflochtenes Nest aus Gras, Wurzeln und Moos. 4–6 hellbraune, dunkel gefleckte Eier. Nestlingsdauer 10–15 Tage.

NAHRUNG | Insekten, Spinnen, im Herbst Beeren und andere Früchte.

BEOBACHTUNGS TIPP

Lebt sehr versteckt, meist hört man den Vogel, ehe man ihn sieht. Sein Gesang gehört zu den schönsten einheimischen Vogelstimmen.

Arten- und Sachregister

Impressum

ISBN 978-3-8094-3837-3

3. Auflage 2022

Projektleitung: Dr. Iris Hahner
Layout: GRAFIK + DESIGN Heide Wülfert, München, und David Böhm
Redaktion und Bildredaktion: Verlagsbüro Kopp, München
Umschlaggestaltung: Atelier Versen, Bad Aibling
Herstellung: Claudia Scheike

Fotos: Müller U1 (l.u.), 6, 20/21, 28, 35 (2), 74, 86; Steinberger: 8/9, 10, 11, 12, 13, 14, 16, 17, 18, 22, 26, 31, 33, 34, 38 (2), 39 (2), 40 (r.), 41 (2), 42 (2), 43 (2), 44 (2), 46 (2), 48 (2), 49 (2), 50 (2), 51 (2) , 52 (2) 53 (2), 54 (2), 55, 56, 58/59, 61, 69, 71, 75, 81, 87; Wothe: U1 (r.u.), 2, 15, 24 (2), 27, 29, 30, 32 (2), 36/37, 40 (l), 45 (2), 47 (2), 57, 60, 62, 63, 64, 65, 66, 67, 68, 70, 72, 73, 76, 77, 78, 79, 80, 82, 83, 84, 85, 88, 89, 90, 91.
Grafiken: iStockphoto (rolandtopor)

Druck und Bindung: PBtisk, a.s., Příbram

Penguin Random House Verlagsgruppe FSC® N001967

Printed in Czech Republic